就職活動・社会人デビューを
控えたみなさんに

未来をひらく
ビジネスマナー

第4版

長江由美子 著

大学教育出版

は じ め に

　このテキストは、ビジネスマナーを初めて学ぶ学生の方と、ビジネスマナーの基本を確認したい方を対象として作りました。特に学生の方にとっては、社会との最初の接点となる「就職活動」にも活用できるよう構成しています。

　私たちは、常に様々な人と関わりながら生活しています。小学校、中学校、高校と少しずつ地域を広げながら人と関わり、大学をはじめとする高等教育機関では、これまでと比較にならないくらい広範囲にわたる地域の出身者と関わることになります。さらに、今後私たちが所属する職場では、今以上に年齢や立場の違う多くの人がともに働いており、そこでお互いに力を出し合うことが必要です。このような環境で気持ちよく仕事ができるよう、お互いへの思いやりをもち、誤解のないように接するためにどんなことが必要か、このテキストで一緒に考えていこうと思います。

　また、ビジネスマナーと同様に、「社会人として知っているのが当たり前」といわれる社会常識は、ある程度のことをお互いが「わかっている」という前提でスムーズに付き合うためには欠かせないものです。年齢にふさわしい教養を身につけ、これから出会う様々な人との交流を楽しんでもらいたいと思っています。

　このテキストを通して「ビジネスマナー」と「社会常識」を理解し、それを自分のものとして使いこなせるようになっていきましょう。テキストを使用して学ばれた皆さんが、社会人として必要なものの見方、考え方、行動の基本を身につけて好ましい人間関係を作り、活躍できることを願っています。

2010年7月

ミチナス代表　長江由美子

目　次

はじめに……………………………………………………………………………… *1*

第 1 章　マナーとは ……………………………………………………………… *5*

第 2 章　電話のマナー（1）かけ方 …………………………………………… *11*

第 3 章　電話のマナー（2）受け方 …………………………………………… *17*

第 4 章　メールのマナー………………………………………………………… *23*

第 5 章　言葉遣い ………………………………………………………………… *30*

第 6 章　訪問の仕方（1）アポイントメントから訪問まで ………………… *38*

第 7 章　訪問の仕方（2）名刺交換・紹介 …………………………………… *45*

第 8 章　来客応対 ………………………………………………………………… *51*

第 9 章　仕事におけるコミュニケーション（1）傾　聴 …………………… *60*

第 10 章　仕事におけるコミュニケーション（2）受命と報告 ……………… *66*

第 11 章　仕事におけるコミュニケーション（3）主　張 …………………… *73*

第 12 章　情報収集の仕方（1）新聞の読み方 ………………………………… *81*

第 13 章　情報収集の仕方（2）雑誌・専門紙 ………………………………… *86*

第 14 章　　情報収集と情報発信　SNS のマナー ……………………………… *93*

解答・解説 ………………………………………………………………………… *97*

マナーとは

●目標

　ビジネスマナーは「ルール」ではなく、その状況、その相手に応じた思いやりを表した行動です。よって、知識を得ただけではビジネスマナーを理解したことにはなりません。このテキストの各単元では、それを一般化したものを基礎知識として学び、基本的な考え方をマスターします。しかしそれにとどまらず、状況が変わっても適切な行動がとれるよう、「なぜそのようなマナーがあるのか」を考えて理解し、実際にそれを使ってみていただきたいと考えています。

　よって、テキストを読むだけではなく、個人作業やグループワーク、ロールプレイなどを体験することを重要視します。このテキストを使用される方は、読んで理解したら、友人と練習したり、日常生活で実践したりして、身につけていってください。

　またこのテキストでは、社会常識を身につけるための手段として、情報収集の仕方にも触れています。社会人として、常識的なことを知っておき、適切な会話をするためにも必要なことであると思いますので、身の回りで少しでも関心をもったことがらについては、自ら情報を収集する習慣をつけてほしいと考えています。

　また、知るだけでなく、知ったことに対して自分なりに意見をもてることも重要視します。

●気持ちよい人とは

　このテキストでは、シーン別のマナーについてまとめてありますが、自分と接する人に気持ちのよい印象をもっていただくために、どんな場面でも共通することがあります。

（1） 印象に関すること

「メラビアンの法則」…第一印象は、どこを見て左右されるのか
　次の1、2、3にあてはまるのは、右のa、b、cのどれか、線を結んでみましょう。

●プロはお客様のために鏡を見る

（2） あいさつに関すること

　「あいさつ」とは、自分の方から相手に働きかけること。自分からしたことで完結します。人から返ってくるかどうかに関係なく、必ず自分からしましょう。

●職場におけるあいさつ言葉
　・おはようございます。
　・いつもお世話になっております。
　・行ってまいります。
　・ただいま戻りました。
　・お疲れ様です。
　・ありがとうございます。
　・恐れ入ります。
　・よろしくお願いいたします。
　・お先に失礼します。　　　　　　　など

第1章 マナーとは 7

● あなたにとってマナーとは？

あなたが思う「マナー」とはどんなものか、書いてみましょう。

● マナーについて考える

取っ手の向きはどちらが正しいと思いますか？

A．左向き　　　　　　　　　　　　B．右向き

● 正しいと思う理由を書いてみましょう。

●●●●●●●●●●● ミニケース「仕事中に席を離れることになったら」●●●●●●●●●●●

　他部署に大至急書類を提出する必要があり、そのためには少し席を外さなければなりません。そんなとき、どのように考え、行動すればよいでしょうか？

1. 仕事上のことなので、遊びに行くわけではないから、誰にも言わずに行く。
2. 少しの間なので、いちいち同僚に声をかけるのは迷惑だから、誰にも言わずに行く。
3. 机の整理をし、誰かに行き先と戻る予定の時刻を伝えてから行く。
4. 早く行くことの方が大切なので、机の上のものを出しっぱなしで、急いで行く。
5. 声をかけると同僚の邪魔になるので、自分の机の上に行き先を書いて置き、声をかけずに行く。

---ヒント---

　仕事は一人でしているのではありません。したがって、周囲に自分の行動がわかるようにする必要があります。また、そうすることで席を外している間にアクシデントが起きるのを防ぐことができます。

■ 設問 ■

次の設問に、適切なら○、不適切なら×で答えてください。

1) 腕まくりをして作業中、来客がありました。どのように応対すればよいでしょうか。
   ①お待たせしないよう、「作業中のため、このような服装で失礼します」と告げ、そのまま応対する。
   ②腕まくりをやめ、身だしなみを整えてから応対する。

2) 身だしなみに関して、どのように考えればよいでしょうか。
   ①華美にならぬよう、メイクはせず素顔で働いたほうがよい。
   ②身だしなみは、お客様や一緒に働く同僚に好感をもたれるように意識する。

3) 上司から○○株式会社の企画部長宛てに資料を郵送するよう指示がありました。しかし企画部長の名前は上司も知りません。どのように宛名を書けばよいでしょうか。
   ①上司も知らないのなら重要なことではないと考え、企画部長とだけ書き、郵送する。
   ②宛先の会社に電話し、事情を説明した上で企画部長の名前を聞き、宛名に書いて郵送する。

4) 終業時刻が過ぎました。周りは忙しそうですが、自分は仕事を終えています。どうすればよいでしょうか。
   ①自分の仕事はできたので、周りの邪魔をしないよう「お先に失礼します」とあいさつして帰る。
   ②上司や先輩に声をかけ、手伝うことがないか確認してから「お先に失礼します」とあいさつして帰る。

5) 始業時間が9時の場合、いつ頃出社すればよいでしょうか。
   ①9時までにタイムカードが押せれば、ギリギリに出社してよい。
   ②早めに到着して着替えと仕事の準備をし、9時には仕事に取りかかれるよう出社する。

6) 有給休暇を利用して友人と旅行を計画し、休暇をとることにしました。どのようにすればよいでしょうか。
   ①有給休暇は当然の権利なので、直前でも届け出ればそれでよい。
   ②上司に仕事の予定を確認し、迷惑をかけないように計画をたててから届け出る。

7) なぜビジネスマナーが大切なのでしょうか。
   ①常識があることをアピールするため。
   ②ビジネスで関わる相手を大切にするため。

コーヒーブレイク1

「謙遜は美徳？」

皆さんは、手土産や贈り物を持参するとき、どのような言葉を添えて手渡しますか？

「つまらないものですが…」

この言葉には、謙遜の気持ちが込められており、礼儀が尽くされているという意見と、大切な相手に渡すものに「つまらない」と言いながら渡すことを、快く思わないという意見の両方があるようです。

どちらも受け取る相手への配慮がなされている点では同じですが、配慮さえ伝われば、自分らしく、自然な気持ちを表せばよいように思います。

「甘いものがお好きだと伺いましたので」
「日本酒にはもってこいのおつまみだと思いまして」
「お口にあいますかどうかわかりませんが」

あなたらしい気持ちを言葉にして、贈り物と一緒に渡してみてはいかがでしょうか。

電話のマナー（1）かけ方

　皆さんは、固定電話を利用して、友人の家や企業に電話をかけたことがありますか？最近は、電話が公共のものからパーソナルなものに変化しつつあり、電話への抵抗感は低くなっているものの、取次ぎを必要とするような応対に不慣れなケースが増えています。

　ビジネスでは、企業と接する最初の機会が「電話」ということが多くあります。電話の応対ひとつでその企業の第一印象が決まる、といっても過言ではありません。電話は目の前に相手がいないため、声だけを使って円滑にやりとりができるよう、電話ならではの心遣いと行動の仕方を身につけましょう。

> ○ Step1　電話の基本マナー
> 　　　　電話ならではの特徴を捉え、気をつけるポイントを学びます。

> ○ Step2　電話をかけてみる
> 　　　　実際に初めて連絡する相手に電話をかけてみます。

Step1　電話の基本マナー

● 「かける時間帯を意識する」
　相手が忙しい時間、電話を取りづらい時間である「始業直後」「昼食時」「終業直前」を避けましょう。

● 「今、お電話よろしいですか」の一言を
　電話では、相手の様子が見えないため、先方の状況がわかりません。必ずはじめに都合を確認し、不都合な場合は時間を改めてかけ直しましょう。

●簡潔に対応する

　電話には時間、お金のコストがかかります。なるべく簡潔に用件が伝わるよう、電話の前に、話す内容を確認してからかけましょう。

●記録をとる

　電話は、電子メールやファックスと異なり、記録が残りません。勘違い、聞き漏らしのないよう、必ずメモをとり、復唱しましょう。

●聞き違いに配慮する

　電話には視覚情報がありません。音声だけのやり取りでは、聞き違いが生じる可能性があります。名前や数字など、確実に伝わるよう配慮しましょう。

Step2　電話をかけてみる

（1）電話をかける手順

用件がスムーズかつ正確に伝わるよう、かけ方の手順を覚えましょう。

①かける前の準備	相手の会社名、氏名、電話番号を確認します。用件や話す順序などをメモしておき、必要な書類や資料があれば手元にそろえます。
②かける	ペンとメモを用意し、電話します。電話をかけるとき、ナンバーディスプレイに表示された番号があっているかどうか、確認します。
③名乗る	所属と名前を名乗り、あいさつします。 「○○会社の△△△△と申します。いつもお世話になっております」
④取次ぎを依頼する	直通でない場合は、取り次いでいただきます。 「恐れ入りますが、○○課の○○様をお願いいたします」
⑤名指し人が出たら	本人であることを確認したあと、改めて名乗ります。 「○○様でいらっしゃいますね。私、○○会社の△△と申します」 「いつもお世話になっております」
⑥用件を切り出す	電話の目的や用件を最初にはっきりと伝えます。 「本日お電話しましたのは…」 用件は5W3H（※1）を意識して、順序よく伝えましょう。
⑦電話を終える	あいさつをし、静かに電話を切ります。（※2） 「失礼いたします」「どうぞよろしくお願いいたします」

※1　5W3Hとは

「5W」　WHAT（何を）　　　　　　　「3H」　HOW（どのように）
　　　　WHO（誰が）　　　　　　　　　　　HOW　MANY（どれくらい、いくつ）
　　　　WHEN（いつ、いつまでに）　　　　HOW　MUCH（いくらで）
　　　　WHERE（どこへ、どこで）
　　　　WHY（なぜ）

※2　どちらが先に切るか

　　電話をかけた方が先に切るのがマナーです。受けた側のときは、相手が電話を切ったことを確認してから受話器を置きます。

（2）実際に電話をかける

以下のケースを使い、電話のかけ方を練習してみましょう。

○会社説明会への問い合わせ

企業	はい、津島物産です。
わたし	お忙しいところ恐れ入ります。わたくしは、　　　　　　　　大学の　　　　　　　　と申します。人事部の岡部様はいらっしゃいますでしょうか。
企業	かしこまりました。しばらくおまちくださいませ。
人事	お待たせしました。人事担当の岡部と申します。
わたし	岡部様でいらっしゃいますね。お忙しいところ、恐れ入ります。わたくしは　　　　　　　　大学の　　　　　　　　と申します。本日は、御社の会社説明会の件でお電話いたしました。
人事	説明会は、ウェブ上からのみ、受け付けております。そちらをご利用いただけますでしょうか。
わたし	はい。ウェブでは、すでに満席となっており、キャンセル待ちの申し込みができるかどうかお尋ねしたく、お電話させていただきました。
人事	そうですか。それでは、キャンセルが出ましたら、ご連絡させていただきます。あなたのお名前と学部名、メールアドレスをお教えください。
わたし	はい、申し上げます。名前は、　　　　　　　　と申します。 漢字は、　　　　　　　　と書きます。 学部は、　　　　　　　　です。 メールアドレスは、　　　　　　　　です。
人事	はい。お名前が…様、学部は…、メールアドレスが…ですね。お日にちはいつがご希望ですか？
わたし	はい。1日を希望しておりますが、他の日でも都合をつけ、参加させていただきます。
人事	承知しました。では、メールでご連絡することになると思いますので、ご確認くださいますようお願いします。
わたし	ありがとうございます。どうぞよろしくお願いします。では失礼いたします。
人事	失礼いたします。

（3）携帯電話のマナー

　最近はビジネスでも携帯電話でのやりとりが日常化しています。携帯電話はプライベートでも使用するものであるだけに、つい普段のクセが出てしまいがちです。以下のことを理解し、普段からマナーに気をつけて使用しましょう。

①場所を選ぶ

　雑音が入らないよう、お店などにいるときは、外に出るなどの配慮をします。また、途中で切れてしまわないよう、電波・充電状況がよいかどうかを確認してかけます。電話を受けたときは、歩きながらでは電波状況が変わるおそれがあるため、立ち止まって話しましょう。

②非通知電話は避ける

　相手がいつも電話に出られる状況とは限りません。かけ直しができない非通知電話は避け、番号を通知してかけましょう。

③電話を取れない場所でかかってきたら

　電車の中など、電話に出ることがふさわしくない場所で着信したときは、小声で車内であることを電話の相手に伝え、後でかけ直します。新幹線ではデッキに移動しましょう。また病院や飛行機など、携帯電話の使用が禁止されているところでは、あらかじめ電話を切っておきます。

④留守電話はこまめに聞く

　留守番電話に残されたメッセージはこまめに聞き、こちらから早めにかけ直しましょう。携帯電話は、緊急性が高い内容の場合に使用する特性があります。

●●●●●●●●● ミニケース「先方の戻り時間がわからないとき」●●●●●●●●●

　ある取引で、今日中にA社の総務部長に連絡を取る必要があり、電話しました。総務部長は不在で、この後も出入りが激しく、はっきりとした戻り時間はわからないといわれてしまいました。
　どうすればよいでしょうか。

1. 相手にかけさせるのは失礼なので、この後も電話をかけ続ける。
2. 何度もかけるとかえって迷惑をかけるので、お手数をおかけすることにお詫びの気持ちを伝えたうえで、折り返し電話をいただくようお願いする。
3. 直接携帯電話の番号を教えてほしいと交渉する。

── ヒント ──
　取り次ぎをしてくださる社員の方と、連絡を取りたい総務部長が、一番困らない連絡の取り方を考えてみましょう。

■ 設問 ■

以下の設問の空欄に、答えを書き込んでください。

1) 呼び出し音が鳴ったら、(　　　　　)回以内を目安に出る。それ以上鳴って電話に出たら、(「　　　　　　　　　　　　」)と言ってから社名を名乗る。
2) 電話に出たが、相手が名乗らない場合、(「　　　　　　　　　　　　」)と言う。
3) 相手の声が小さくて聞き取れない場合、(「　　　　　　　　　　　　」)と言う。
4) 山口室長に取り次いでほしい場合、(「　　　　　　　　　　　　」)と言う。
5) 伝言を依頼する場合、(「　　　　　　　　　　」)と言う。
6) 電話は、(　　　　　)方が先に切るのが原則だが、先方が(　　　　　)の場合は先方が切ってから受話器を置く。
7) 相手が忙しい時間帯である、(　　　　)(　　　　)(　　　　)を避けて電話する。

3 電話のマナー（2）受け方

　第2章では、電話の基本的なマナーとかけ方を理解しました。しかし、皆さんが企業に勤めるとき、はじめは圧倒的に電話を受ける機会の方が多いと思います。慣れる前は、次々と鳴る電話に出ることがためらわれ、「出たくない」と思うこともあるでしょう。しかし、新人がすぐに役に立てるのも電話応対です。この章で受け方の基本をマスターし、職場で信頼を勝ち得てほしいと思います。

○ Step1　電話の受け方　基本マナー
　　　　電話をスムーズに受けられるよう、受け方のマナーを理解します。

○ Step2　電話を受けてみる
　　　　実際に電話を受けてみます。困るケースの対応も理解します。

Step1　電話の受け方　基本マナー

●電話の呼び出し音は3回以内で
　呼び出し音が鳴ったら、できるだけ早く電話を取りましょう。呼び出し音が3回以上鳴ったときは、「お待たせしました」とお詫びの言葉を添えます。

●「もしもし」は使わない
　第一声は「はい」と答えてから会社名、氏名を名乗ります。いきなり名乗ると聞き取りにくいためです。会社によっては「おはようございます」「お電話ありがとうございます」など、第一声を決めているところもありますので、その場合は指示に従います。

●あいさつを欠かさない

　相手が社外の方である場合は、自分と直接関係ない方でも、「いつもお世話になっております」などと一言あいさつをします。

●保留したまま待たせない

　長い間お待たせすると、相手にコスト（時間、お金）をかけさせてしまうことになります。あまり長くなる場合はそのままにせず、こちらからかけ直す配慮が必要です。

●必ず復唱する

　相手はきちんと伝わっているのか、不安に思っています。

　電話の内容はメモをとり、電話を切る前に必ず復唱しましょう。

Step2　電話を受けてみる

（1）電話を受ける手順

①ベルが鳴ったら	ペンとメモを用意し、3回以内に電話をとります。 長く待たせた場合は「お待たせいたしました」と言って出ましょう。
②社名、氏名を名乗る	相手が尋ねる前に自分から名乗ります。 「はい、○○会社の△△でございます」 朝11時までは「はい」の代わりに「おはようございます」
③相手を確認する	●相手が名乗ったら確認します。 「○○社の△△様でいらっしゃいますね」 ●相手が名乗らないときは尋ねます。 「失礼ですが、どちら様でいらっしゃいますか」 ●相手の声が聞き取れなかったときは、必ず確認します。 「恐れ入りますが、もう一度お願いできますか」
④あいさつをする	「いつもお世話になっております」
⑤用件を聞く	●あいづちを入れながら、要点をメモします。 「さようでございますか」「～ということでございますね」 ●用件に対し適切に対処します。 「担当の者に代わりますので、少しお待ちくださいませ」 「私では分かりかねますので、調べて折り返しお電話いたします」 「○○は席をはずしておりますので、私でよろしければ伺います」
⑥要点を復唱し、名乗る	●メモを読みながら復唱します。 「確認させていただきます。～でございますね」 日時、場所、人名、数量などは特によく確認します。 ●最後に再度所属部門や氏名を名乗ります。
⑦あいさつをする	「ありがとうございました」「かしこまりました」 「よろしくお願いいたします」
⑧受話器を置く	相手が電話を切ったことを確認してから静かに受話器を置きます。

（2）ケース事例を使った練習

以下のケースを使い、電話の受け方を練習してみましょう。

○ケース1　就職活動先の企業からの連絡を受ける

わたし	はい、　　　　　　　　　　　　　でございます。
企　業	○○さんですね。わたくし、津島物流の○○と申します。今、お電話よろしいですか？
わたし	はい。今お店の中ですので、すぐ移動します。（店外に出ながら、メモも用意する） お待たせしました。大丈夫です。
企　業	先日は、2次面接をお受けくださり、ありがとうございました。面接は合格でしたので、3次面接に進んでいただけますか。
わたし	ありがとうございます。3次面接の日程はいつでしょうか。
企　業	はい。10日の13時から、45分程度を予定しています。予定はよろしいでしょうか。
わたし	大変申し訳ございません。その日は大学のゼミの研究発表会があり、出席しなければならないのですが…、他の日程をお願いすることは難しいでしょうか。
企　業	そうですねえ…、それでは12日の10時からではいかがでしょうか。東京本社にお越しいただけますか。
わたし	承知しました。 東京本社で、12日の10時から、45分程度ですね。
企　業	はい。それでは12日にお待ちしております。
わたし	はい。ご無理を言って申し訳ございません。どうぞよろしくお願いします。
企　業	失礼いたします。
わたし	失礼いたします。

○ケース２　取り次ぐ相手が不在の場合

わたし	はい、津島物産の　　　　　　　　　　　でございます。
企　業	いつもお世話になっております。わたくし、ABC運輸の　　　　　　　　と申します。
わたし	こちらこそ、いつもお世話になっております。
企　業	部長の山口様はいらっしゃいますでしょうか。
わたし	山口でございますね。少々お待ちくださいませ。
	お待たせしました。山口は先ほど外出してしまいまして、午後2時に戻ってまいる予定です。戻り次第、こちらからお電話いたしましょうか。
企　業	そうですか。それではお願いします。
わたし	念のため、お電話番号を伺えますでしょうか。
企　業	はい。090-1234-5678です。
わたし	090-1234-5678ですね。会社名とお名前もお願いいたします。
企　業	ABC運輸の　　　　　　　　と申します。
わたし	ABC運輸の　　　　　　　様ですね。
企　業	はい。ではお手数ですがよろしくお願いします。
わたし	かしこまりました。失礼いたします。
企　業	失礼いたします。

（３）メモを取る

　講師からの電話を受けているつもりになって、以下の伝言メモを記入してみます。独学で学んでいる方は解答p.98の文章を誰かに読み上げてもらい、メモしてみましょう。

```
　　　　月　　　　日（　）　　　時　　　　分

　　　　　　　　様へ　　　　　　　　　　　　　　　様より




                                              _____ 受
```

第3章　電話のマナー（2）受け方　21

●●●●●●●●●●●●●●●●●●● ミニケース「営業の電話」 ●●●●●●●●●●●●●●●●●●●

　あなたは総務課で勤務しており、気持ちのよい応対を心がけ、電話を取りました。しかし先方は「部長に代わってくれ」というばかりで、名前を尋ねても答えず、用件も不明です。どうやら電話セールスのようで、この会社ではセールスの電話は上司に取り次がないことになっています。どうすればよいでしょうか。

1. 名乗らない相手が失礼なので、無愛想に切っても構わない。
2. 相手が部長に代わってほしいと言っているのだから、部長に取り次ぐ必要がある。
3. 「大変申し訳ございませんが、お名前を伺えないお電話は、お取次ができないことになっております」と丁寧に対応し、静かに受話器を置く。

---ヒント---
どのような相手にも失礼のない対応をしましょう。

■ 設問 ■

以下の設問に、適切なら○、不適切なら×で答えてください。空欄の場合は答えを書き込んでください。

1) 電話を取ったところ、名指し人である上司は不在で、そのことを伝えると「じゃあいいです」と言われました。どうすればよいでしょうか。

　①いいと言われたのだから、そのままにしておく。

　②名指し人の上司に、電話があったことを伝える。

2) 電話を取った瞬間、「もしもし」の代わりにどんな言葉を言えばよいでしょうか。（「　　　　　　」）

3) お客様からの電話で、入会の問い合わせがありました。その内容は自分のセクションでは担当できません。どうすればよいでしょうか。

　①話の頃合いを見計らい、担当セクションに回すことを告げ、自分が聞いたところまで担当者に伝える。

　②せっかく話しているのだから、とりあえず全部聞いてから担当セクションに回す。

　③話をすぐにさえぎり、セクションが違うことを告げ、該当セクションにかけなおしてもらうように言う。

4) 福島課長は昨日から神戸に出張です。その課長宛に電話があったときの答えとして間違っているところにアンダーラインを引いてください。

　「申し訳ありません。あいにく福島は神戸に、新製品の交渉の件で出張中です。戻り次第、こちらからお電話いたしましょうか」

メールのマナー

　電子メールは、ファックスに代わり、相手の在否に関わらず直接用件を残せる連絡手段として浸透しています。しかし、手軽な印象があるだけに、マナーを失しないよう注意が必要です。また、メールならではの特性を理解し、効果的に利用することが求められます。

> ○ Step1　電子メールの書き方　基本マナー
> 　　メールの書き方の特性、基本的なマナーを理解します。

> ○ Step2　電子メールを書いてみよう
> 　　実際に電子メールを書き、必要な情報を伝えてみましょう。

Step1　電子メールの書き方　基本マナー

（1）電子メールの利点
●相手の在否に関わらず、直接用件を残すことができる
　　自分の都合のよいときに、時間帯を選ばず送信することができます。
●同時に複数の人に、同じ情報を伝達できる
　　一度の操作で複数メンバーに連絡を取ることができ、時間を短縮することができます。
●受け取った情報の伝達が容易である
　　転送ボタンを押すだけで、もらった情報を別の人に送信することができます。
●保存できるので、トラブルを防ぐことができる
　　送信、受信したメールを保存することができ、やりとりした内容があやふやにな

ることがありません。

（2） 電子メールの注意点
●過信は禁物

　電子メールは確実に連絡がとれるものと思いがちですが、トラブルで届く時間が遅れることもあります。また、相手がすぐに読んでくれるとは限りません。電子メールで送るのが適切な場合であっても、急ぎの用件や重要な事項は、送信後に電話などで連絡しましょう。

●返信はすみやかに

　通常は、相手がメールを読んだかどうか確認できません。質問や依頼のメールを受信したときは、読んだことだけでもすぐに返信しましょう。

●「のぞき」はあるもの

　暗号化装置を使っている場合を除いて、インターネット上のメールは、配送されていくすべてのサーバーで「のぞき見」が可能です。読まれて困る内容のやりとりはやめましょう。

（3） 電子メールのマナー

●送信のとき、気をつけること
・内容がすぐわかるような件名をつける。
・あいさつや儀礼的な内容は最小限にする。
・用件はなるべく短い文章で、簡潔に書く。
・相手の社名、氏名、部署名や役職は、省略しないで書く。
・添付ファイルが大きすぎないか、サイズを確認し、
　必要なら圧縮する。
・段落ごとに1行あけるなど、読みやすいレイアウトにする。
・相手の利用頻度を確認してから送る。
・相手が電子メール以外の手段でも連絡できるよう、
　電話やFAX、住所を書き、一番下に「署名」としてつける。

●受信のとき、気をつけること
・1日に数度は、必ずメールをチェックする。
・受信したメールはたくさんため込まず、不要なものは削除する。
・重要度、緊急度を判断し、重要または緊急のメールには即座に返信する。
・すぐに答えを出せない内容のメールには、メールを受け取ったことのみ返信しておく。

（4） 間違いを探してみよう

以下の電子メールを見て、間違いを指摘し、なぜ間違いなのか理由を書いてみましょう。

[メール画面：
宛先：岡部 泰正 様
件名：ご確認ください

本文：
（株）ＡＢＣ運輸
岡部　様

先日は書店でばったりお目にかかり、
新しいグルメブックのことで盛り上がることができ、
楽しかったです（＾▽＾）
またおすすめのお店がありましたら、ぜひお教えください。

さて、先日お願いしました印刷用紙の件につきまして、
添付ファイルをお送りしますので、
ご確認くださいますよう、よろしくお願いいたします。

ながえ
]

●間違いの箇所と間違いの理由を書いてください。

①間違い：＿＿＿＿＿＿＿＿＿＿＿＿＿＿＿＿＿＿＿＿＿＿＿＿＿＿＿＿
　理　由：＿＿＿＿＿＿＿＿＿＿＿＿＿＿＿＿＿＿＿＿＿＿＿＿＿＿＿＿

②間違い：＿＿＿＿＿＿＿＿＿＿＿＿＿＿＿＿＿＿＿＿＿＿＿＿＿＿＿＿
　理　由：＿＿＿＿＿＿＿＿＿＿＿＿＿＿＿＿＿＿＿＿＿＿＿＿＿＿＿＿

③間違い：＿＿＿＿＿＿＿＿＿＿＿＿＿＿＿＿＿＿＿＿＿＿＿＿＿＿＿＿
　理　由：＿＿＿＿＿＿＿＿＿＿＿＿＿＿＿＿＿＿＿＿＿＿＿＿＿＿＿＿

④間違い：＿＿＿＿＿＿＿＿＿＿＿＿＿＿＿＿＿＿＿＿＿＿＿＿＿＿＿＿
　理　由：＿＿＿＿＿＿＿＿＿＿＿＿＿＿＿＿＿＿＿＿＿＿＿＿＿＿＿＿

⑤間違い：＿＿＿＿＿＿＿＿＿＿＿＿＿＿＿＿＿＿＿＿＿＿＿＿＿＿＿＿
　理　由：＿＿＿＿＿＿＿＿＿＿＿＿＿＿＿＿＿＿＿＿＿＿＿＿＿＿＿＿

⑥間違い：＿＿＿＿＿＿＿＿＿＿＿＿＿＿＿＿＿＿＿＿＿＿＿＿＿＿＿＿
　理　由：＿＿＿＿＿＿＿＿＿＿＿＿＿＿＿＿＿＿＿＿＿＿＿＿＿＿＿＿

Step 2　電子メールを書いてみる

（1） 以下の内容を伝えるために、電子メールを書いてみましょう。
- 私の所属：〇〇〇大学（　+　学部・学科・学年）
- 送信先　：株式会社 ABC 商事　人事部　部長　山口　博幸　氏
- 送信先アドレス：hy-yamaguchi@abc-syouji.co.jp
- 私のアドレス：ご自分のもの（ない人は　oka-kei@mail.co.jp）
  住所、電話番号、ファックス番号もご自分のもの
- 用件：就職活動中で、ABC 商事を志望している。会社のことを知りたいので、会社見学をお願いしたい。日程の候補は 10 日、11 日、12 日。10 日と 12 日は授業のため午後のみ可。あとの日は終日可。

宛先：	
件名：	
本文：	

（2）LINE の注意点

　最近では、LINE に代表される、無料かつタイムリーに文字のやりとりができるインスタントメッセンジャーを利用する方も見られます。LINE ならではの注意点について考えてみましょう。

　①なるべく簡潔に書く
　　　LINE はパソコンよりも画面の小さいスマートフォンで利用する人が多くみられます。そのためできるだけ文章を簡潔にしましょう。

　②既読かどうかが分かるため、返事はできる範囲で迅速に書く
　　　LINE では、パソコンメールと違い、メッセージを読んだことが相手に伝わります。相手は読んでもらえたことに対して安心できますが、その分返事が待ち遠しくなりがちです。数時間のうちに返信できそうにない場合は、タイミングをみて「後ほどゆっくり返信します」などの一言を返しておきましょう。

　③既読でも、すぐに返事を期待しすぎない
　　　自分がメッセージを出したとき、相手はメッセージを読むことはできても、その後すぐに返事が書ける状態であるとは限りません。既読なのに返事が来ない、と自分本位に考えず、相手にも事情があることを念頭に置きましょう。

　④仕事の要件は、できるだけ仕事用のメールアドレスを使用する
　　　LINE では、ノート機能でメッセージを保存することができますが、基本的に即時性が重んじられる分、保存性が重視されない形式であるため、日時や数量など、仕事で具体的なやりとりをする場合はできるだけパソコンのメールアドレスを使用しましょう。

　⑤グループトークでは、メンバー全員に関係ある話題を選ぶ
　　　LINE で特定のメンバーのグループを作り、グループ全員が読めるようにメッセージのやり取りができる機能を利用するグループトークでは、そのうちの数名しか関係ない話題を長く続けると、他の人が疎外感を感じたり、自分に関係ない話題で頻繁に通知音が鳴り、迷惑に感じたりするかもしれません。少人数にしか関係のない話は、本人と直接するようにしましょう。

●●●●●●●●●● ミニケース「大切な用件をメールで送ったとき」 ●●●●●●●●●●

　取引先に、大切な用件をメールしました。文書を送った証拠を残すために適切な手段だと考えたためです。しかし、取引先の担当者にはどうしても今日中に見てもらう必要があります。どうすればよいでしょうか？

1. 朝早く送っておけば、一日のうちにメールボックスを開いてもらえるので大丈夫と考える。
2. 念のため、メールを送ったことを電話で伝える。
3. メールと電話の両方をするとくどいので、メールの返事を待ったほうがよい。

ヒント

　メールチェックをする頻度は人によって違います。また、出張等で先方がいつもとは違う状況にある可能性もあります。確実に見てもらうためにはどうすればよいか考えましょう。

■ 設問 ■

　以下の設問に、適切なら○、不適切なら×で答えてください。空欄の場合は答えを書き込んでください。

1） すぐに答えを出せない内容のメールを受け取った場合、どうすればよいでしょうか。
　①文書を受け取ったことのみ、速やかに返信する。その上で後日内容について返事することを伝える。
　②時間はかかっても、きちんと答えを出してからメールしたほうがよい。
2） メールの最後に、自分への連絡手段を記したものを（　　　　　　）という。
3） メール作成の仕方について、以下の考え方はどうでしょうか。
　①親しいお客様には、気持ちが伝わりやすい絵文字を用いている。
　②初めて送る相手には、文頭で所属とフルネームを名乗ることにしている。
　③内容がわかるようなタイトルをつけて送信している。
　④メールでも礼儀を示す必要があるので、時候のあいさつを入れたほうがよい。
　⑤用件は短くまとめ、読みやすく書く。

コーヒーブレイク2

「評価とは」

　企業では、自分で目標を設定し、それに対する達成の程度を評価する「目標による管理制度」（Management by objectives、略してMBO）が用いられることがあります。この場合、会社から一方的に割り当てられる目標ではなく、目標設定も評価も、自分と会社とで相談して行われます。

　こうした目標を設定する際、意欲だけで突っ走り、不可能なほど高い目標を設定することは現実的ではありません。かといって本当はできる力があるのに、安全策として低い目標を設定していては、成長のチャンスを失います。

　目標設定やそれに対する自己評価には、「今の自分にできていることと、できていないことを正確に知る」ということが欠かせません。しかし、それは簡単そうでいて、できるまでには訓練が必要な行為であると思います。日ごろから、「いつまでに（期限）、何を（目標項目）、どこまで（レベル）」できているのか、自分の行動を具体的に評価する習慣をつけるようにしましょう。この習慣は、学生生活でも、社会人になっても、自分の目標を達成するために大切なことです。

言葉遣い

　これまでの生活では、私たちは家庭や学校、アルバイト先などの限られた集団内で交流してきました。その中で使う言葉は、限られた対象との間柄で通じさえすればそれでよかったのですが、ビジネスシーンではそうはいきません。考え方、年齢、経験、立場が異なり、利害が生じる関係でも、十分に気持ちを伝えて気持ちよく付き合うためには、配慮をあらわす共通の話し方をマスターする必要があります。この章では、そのような場面での敬語の種類と使い方のルールを中心に学んでいきます。

○ Step1　敬意をもった話し方の基礎知識
　　　　　話し方で敬意を表すために、基本的なことがらを理解します。

○ Step2　敬語の種類
　　　　　敬語の基本的な種類「尊敬語」「謙譲語」「丁寧語」を理解します。

○ Step3　敬語の使い方
　　　　　状況に合わせて敬語を使ってみましょう。

Step 1　敬語の基礎知識

（1）「お」や「ご」の使い方
　相手または自分が相手にする動作に使うのが一般的です。とにかくつければ丁寧、ということではないため、不要なケースも理解しましょう。
　①相手の動作や持ち物などにつける
　　動　作：お出かけ、お帰り、ご出席、ご協力　など
　　持ち物など：お荷物、お子さま、ご用件、お考え、ご意向　など
　②自分が相手のためにする動作、渡すものにつける
　　動　作：お持ちする、ご案内する、お送りする、お電話する　など
　　持ち物など：お手紙、お知らせ　など
　③その他必要なケース
　　お客様、おなか、ご飯、お茶　など慣習的なもの
　※以下のような使い方は誤りです。
　　×外来語につける：おビール、おコーヒ　など
　　×敬意を表す言葉につける：お社長、お召し上がる　など

（2）呼称の使い方
　①「さん」と「さま」
　　　社内の同僚や先輩には「さん」と呼びかけるのが一般的です。同期で親しい間柄でも、ビジネスでは「くん」は使いません。また、外部の方と同席する場合は、たとえ先輩であっても社内の人には「さん」をつけず、呼び捨てにします。お客様には「さま」が一般的です。
　②上司
　　　役職名が尊敬の意味を含んでいるため、役職名のみで呼ぶか、苗字＋役職名で呼びます。その場合、「さん」はつけません。
　　○「部長」「山本部長」
　　×「山本部長さん」
　　　また、外部の方と同席する場合は、最後が呼び捨てになるように呼びます。
　　○「部長の山本が…」
　　×「山本部長が…」
　③会社の呼び方
　　　他社のことは「御社（おんしゃ）」、自社のことは「私ども、弊社（へいしゃ）」と呼びます。

（3） 役職の理解

人間は平等ですが、組織の仕事では役割が異なっています。それらを正しく把握し、それにふさわしい言動をする必要があります。

●一般的な役職の位置づけ

代表取締役（社長）
専務取締役
常務取締役
部長（室長）
次長
課長
係長
主任
一般社員

（4） 口ぐせに注意

①〜のほう

　アルバイトなどで覚え、丁寧な言葉遣いだと認識している人が多い言葉です。しかし、方角、二者択一でないときには使う必要のない言葉です。注意しましょう。

× 「私のほうが伺います」
○ 「西のほうに、明かりが見えます」
○ 「A社とB社なら、A社のほうが品揃えが豊富です」

②相手の発言の一部を使う

　相手の発言を一部借り、その続きから話し始めるのは、友達同士のような印象を与えます。省略せず話しましょう。

× 「社長は不在なのですね？では部長は？」「も、外出中なんですよ〜」
○ 「社長は不在なのですね？では部長は？」「あいにく部長も外出いたしております」

③させていただくの多用

　話している相手にまったく関係のない人に敬意を払った表現は、少しちぐはぐな印象を与えます。

× 「アルバイトでは、接客をさせていただいておりました」
　　→「接客をしておりました」
○ 「先ほどお電話させていただきました、田中です」

④というか、とか

　ビジネスでは、やり取りする内容を明確に定義し、正確に答える必要があります。あいまいさを残さず話しましょう。

× 「すごくうれしかったというか」
○ 「とてもうれしく、感動しました」
× 「サークルでは、リーダー役とかに努力しました」
○ 「サークルでは、リーダー役をしていました。しかしそれだけでなく、幹事として場を盛り上げることにも努めてきました」

　また、相手の聞きたいことがわからないために、大まかに返事を返そうとすると、あいまいな表現になりがちです。明確に答えるためには、容する前に相手が聞きたいことは何かを把握する必要もあります。

⑤語尾を伸ばさない

　「わたくしはぁ～」「～しましたときにぃ～」と語尾を伸ばすなど、言葉遣いが正しくても、気になるクセがあると印象が台無しになってしまいます。自分で気づいたことは改め、日常でも練習しておく必要があります。

Step 2　敬語の種類

敬語には3つの種類があります。それぞれの特徴を理解しましょう。

(1) 丁寧語

丁寧な表現をすることで、相手に敬意を表します。「です」「ます」といった表現が代表的です。空欄に記入してみましょう。

普通表現	丁寧表現
ある	あります、ございます
いる	います
思う	思います、存じます
そうだ	そうです、さようでございます
する	①
ちょっと	②
そっち	③

（2） 尊敬語

相手の動作や状況に対し、直接敬意を表します。

空欄に記入してみましょう。

普通表現	尊敬表現
見る	ご覧になる
食べる	召し上がる
言う	おっしゃる
書く	お書きになる
する	①
来る	②

（3） 謙譲語

自分のことをへりくだって表現することで、間接的に相手に敬意を表します。

空欄に記入してみましょう。

普通表現	謙譲表現
言う	申す、申し上げる
いる	おる
見る	①
もらう	②
聞く	③
する	④

※よくある間違った表現
- ●敬語表現の使いすぎ
  - ×社長は食事をお召し上がりになられました。
  - ○社長は食事を召し上がりました。
- ●謙譲語に「れる・られる」をつけただけ
  - ×会議室に部長がおられました。
  - ○会議室に部長がいらっしゃいました。

◆LESSON　以下の表現を、適切な言い方に直してみましょう。
　①お客様が、お車にお乗りになってお帰りになられました。

　②「部長、最近ゴルフをやられているんですね」

Step3　敬語の使い方

　ここまでに学んだ敬語表現から見て、以下の場面にどのような言葉で答えるか、考えてみましょう。付け足したい言葉があれば、つけてもかまいません。
　①何の用か。

　②誰を呼んでこようか。

　③後で電話をする。電話番号を教えてもらえないか。

　④私と、山本部長でそっちへ行く。

　⑤課長、ちょっと企画書をみてほしい。

　⑥わかった。

　⑦1週間ではできない。

●●●●●●●●●●● ミニケース「受付で戸惑われているお客様」 ●●●●●●●●●●●

受付にお見えになったお客様が、誰かを探している様子です。どのように声をかければよいでしょうか。

1. 「どちらさまですか」
2. 「失礼ですが、どの者かお探しでしょうか」
3. 「どうなさいましたか」

ヒント

いきなり声をかけると、お客様を驚かせてしまう可能性があります。

●クッション言葉：言いたい言葉の前につけることで、後に続く言葉を和らげる言葉。声をかけるときや、言いにくいことをお願いするときなどに使うと効果的です。

場　面	クッション言葉
①尋ねるとき	失礼ですが、お名前をお伺いしてもよろしいでしょうか。
②断るとき	せっかくですが、今回は先約があるため、次回参加いたします。
③お詫びするとき	申し訳ございませんが、本日はご予約で満席でございます。
④お手数をおかけするとき	お手数ですが、こちらにお名前の記入をお願いします。
⑤了解を得るとき1	よろしければ、私が代わりに承ります。
⑥了解を得るとき2	お差し支えなければ、ご用件を伺ってよろしいでしょうか。
⑦要望に応えられないとき	あいにくですが、湊課長はただいま席を外しております。
⑧こちらの都合を言うとき	勝手を申しますが、○日に伺ってもよろしいでしょうか。
⑨頼むとき	恐れ入りますが、お車の移動をお願いできますか。
⑩面倒なことを頼むとき	ご面倒ですが、15時以降に再度お電話いただけないでしょうか。
⑪迷惑をかけるとき	ご迷惑をおかけしますが、どうぞよろしくお願いします。
⑫相手が間違っているとき	申し上げにくいのですが、ご予約は○日と承っているようです。

■ 設問 ■

以下の設問に、適切なら○、不適切なら×で答えてください。空欄の場合は答えを記入してください。

1) 自社の芝野部長をお客様に紹介するとき、どのように呼べばよいでしょうか。
   ①芝野部長
   ②部長の芝野
   ③芝野
   ④芝野部長さん

2) 目上の人が外出から戻ったとき、適切な言葉を書いてみましょう。
   (「　　　　　　　　　　　　　　　　」)

3) 以下の言葉のおかしいところにアンダーラインを引き、正しい言葉に直してみましょう。
   ①お客様がおビールをお飲みになられ、お食事もお召し上がりになられました。

   ②この仕事は、以前部長がやられていました。

   ③（お見えになったお客様に）「山田様でございますね」

4) 以下の言葉を、ビジネスにふさわしい表現に直してみましょう。
   ①わかりました。

   ②すみません。

   ③ちょっと待ってください。

訪問の仕方（1）
アポイントメントから訪問まで

「人は第一印象が大切」とよく言われます。ビジネスでも、初めて訪問するときの印象は大切で、その時のふるまいでビジネスチャンスの有無が左右されることもあります。また、新人であっても先方にとっては「会社の代表」であり、あなたの態度や言葉が会社のものであると判断されます。それにふさわしい訪問ができるよう、必要な心構えや準備、ふるまいについて理解しましょう。とはいえ、訪問でもっとも重要なことは、相手が自分のために時間を割いてくださったことへの感謝を表すことです。このことがわかっていれば、自然と必要な行動ができるはずです。

○ Step1　事前準備
電話などで訪問を依頼する前に、最低限準備しておくことを理解します。

○ Step2　アポイントメントをとるときのマナー
訪問を決めるやりとりで気をつけることを理解します。

○ Step3　訪問時のマナー
訪問して席に着くまで、商談がはじまってからなど、場面別に注意点を理解します。

Step 1　事前準備

　先方は自分の仕事を中断し、あなたのために時間を割いてくださいます。このことを念頭に置き、確実に約束と訪問ができるよう、次のことを準備してから連絡しましょう。
①訪問先の住所、交通手段、所要時間を調べる。
　訪問先の場所と、交通手段、所要時間を調べ、頭に入れておきます。遅刻しないように出発するにはもちろん、自分が考えていた日時案とは違う日時を指定されたときにも対応できるようにする目的があります。
②不測の事態に備えて、相手先の電話番号をメモする。
　当日は、交通渋滞など、どんなことが起きるかわかりません。余裕をもって出発するのは当然ですが、どうしても遅刻しそうなときは、事前に連絡を入れます。そのためにも、相手先の電話番号をメモし、携帯電話にも登録しておきましょう。
③訪問の目的や用件を理解し、必要な資料を用意する。
　会える時間を無駄にしないよう、用件に関わる資料は事前にそろえ、持参します。
④訪問先の会社概要などを調べる。
　公開されている情報を質問するようなことがないよう、ホームページや企業年鑑などで相手先の概要を調べてから訪問しましょう。

Step 2　アポイントメントをとるときのマナー

　準備が整ったら、電話またはメールでアポイントメントをとります。突然の訪問は先方の迷惑となり、相手の仕事の段取りを狂わせてしまいます。必ずアポイントメントを取ってから訪問しましょう。そのときのポイントとなることは以下のとおりです。

（1）相手に伝える内容
　①訪問の目的
　②所要時間　（「30分ほどお時間いただけないでしょうか」など）
　③訪問者の人数
　④訪問場所（受付に伺います、○○様をお訪ねします、など）
　⑤自分の連絡先

（２） 時間帯や日にちについての配慮

①候補の日時は複数用意します。「この日でお願いします」などと、自分の都合だけを押し付けないようにしましょう。
②始業時間直後、昼休憩、終業時間前の訪問は避けましょう。
③月末、休み明けの訪問は避けましょう。

（３） ケース事例を使った練習

以下のケースを使い、アポイントメントの取り方を練習してみましょう。

〇ケース１　就職活動先の企業に、リクルーター訪問のアポイントメントを取る。

企　業	はい。岡山証券の田中でございます。
わたし	お世話になっております。私、　　　　　　　　　　　　大学の　　　　　　　　　　　　と申します。現在就職活動中で、御社を志望しておりまして、ぜひリクルーターの方にお会いしたいと思い、お電話させていただきました。
企　業	かしこまりました。ご希望の日時をどうぞ。
わたし	はい。1日の13時を希望しておりますが、ご無理なようでしたら他の候補日も検討しております。
企　業	さようでございますか。1日はもうすでにご予約でいっぱいの状況です。2日の13時ではいかがでしょうか。
わたし	大変申し訳ございません。2日の午後は大学の授業日で、お伺いするのが難しいのですが、同じ日の午前はいかがでしょうか。
企　業	そうですねえ…、それでは2日の10時からではいかがでしょうか。
わたし	承知しました。それでは、2日の10時、受付に伺います。リクルーターの方には、特に営業の仕事内容について伺いたいと思っておりますので、1時間くらいお時間をいただくことは可能でしょうか。
企　業	はい。リクルーターにそのように申し伝えておきます。
わたし	ご無理を言って申し訳ございません。どうぞよろしくお願いします。
企　業	かしこまりました。失礼いたします。
わたし	失礼いたします。

第6章　訪問の仕方（1）アポイントメントから訪問まで

○ケース2　企業に営業のアポイントメントを取る。

企　業	はい。日本製造の長江でございます。
わたし	お世話になっております。私、ABC販売の　　　　　　　　　　　　と申します。
企　業	こちらこそ、いつもお世話になっております。
わたし	企画部の岡部様はいらっしゃいますでしょうか。
企　業	少々お待ちくださいませ。
岡　部	はい。岡部でございます。
わたし	いつもお世話になっております。ABC販売の　　　　　　　　　　　　でございます。実は、先日ご紹介した新商品のサンプルができあがりましたので、ぜひお目にかけたいと思いまして、お電話いたしました。
岡　部	そうですか。いつがよろしいですか？
わたし	はい。5日の14時から1時間程度ではいかがでしょうか。ご無理なようでしたら、6、8日でしたら終日どの時間帯でもかまいません。
岡　部	あぁ、5日は会議が入っておりまして…申し訳ございません。では、8日の15時からはいかがでしょうか。
わたし	承知しました。では8日の15時に伺います。この日は私どもの部長と、開発者2名も同行しますので、私を含めて4名でお伺いいたします。どうぞよろしくお願いいたします。
岡　部	開発担当の方にもお越しいただけるのですね。それでは第1会議室をお取りして、スクリーンとプロジェクターのある部屋でご説明いただけるように準備しておきます。
わたし	ご配慮いただきまして、ありがとうございます。それでは当日はどうぞよろしくお願いいたします。
岡　部	かしこまりました。では失礼いたします。
わたし	失礼いたします。

Step3　訪問時のマナー

　いよいよ訪問です。受付から帰るときまで、あなたの態度やマナーが会社の代表として見られています。以下のことに注意しましょう。

（1）到着前に気をつけること
①到着時間は5分前を目安にします。早すぎると先方の準備ができておらず、ご迷惑をかけることがあります。もちろん遅刻は論外です。
②冬場、コートやマフラーを着用しているときは、受付に行く前に脱ぎ、まとめておきます。同時にネクタイや襟元をただすなど、身だしなみを整えてから受付に向かいます。
③やむを得ぬ事情で遅れるときは、できるだけ早く先方に電話します。

（2）到着したら気をつけること
①受付で社名、名前を名乗り、約束があることを伝えます。
②応接室に通されたら、あいさつや名刺交換ができるよう準備します。多少待たされても、ウロウロしたり調度品に触れたりしないで待機しましょう。

（3）商談中に気をつけること
①担当者が入室したら、立ち上がって自分からあいさつします。同行者がいるときはこのとき紹介します。相手よりも先に座らないようにしましょう。
②限られた時間ですので、要領よく商談をすすめます。資料や見本を示すときは相手から見やすい方向に向けるように配慮しましょう。
③タバコや飲み物は、勧められるまでは遠慮しましょう。
④担当外のこと、自分に決定権がないことを聞かれたときは、社に持ち帰ること。担当者に確認してから、後日対処しましょう。
⑤商談が終了したら、お礼を言ってドアの前まで進み、ふりかえってもう一度お辞儀をします。退室後も他の社員に見られていることもありますので、すぐに態度を変えないようにしましょう。

（4）訪問後のマナー
①できれば当日のうちに、メールまたははがきや手紙でお礼を伝えましょう。
②訪問が終了したら一度会社に連絡し、自分宛ての電話や急ぎの連絡が入っていないか確認します。直帰（直接帰宅）するときは、必ず電話をしましょう。
③出社したら、すみやかに文書で商談内容を報告しましょう。

●●●●●●●●●●●●●●●●● ミニケース「応接室に通されたら」 ●●●●●●●●●●●●●●●●●

　どうしても取引をお願いしたい会社にアポイントメントをとり、いよいよ訪問することになりました。応接室に通されましたが、失礼がないようにお待ちしたいと思っています。案内してくださった方からは「おかけになってお待ちください」と言われましたが、どのように行動すればよいでしょうか。

1. お願いする立場で座って待つのは失礼なので、立ったまま待つ。
2. 調度品に興味があれば、担当者が入室するまでに眺めたり触ったりしながら待つ。
3. 静かに座って待ち、担当者が入室したら立ち上がり、あいさつする。

―ヒント――――――――――――――――――――
　初めて訪問するときは特に、担当者だけでなくすべての人に対して気持ちのよい対応を心がける必要があります。また、担当者を待っている間は、誰も見ていなくてもきちんとした態度で待ちましょう。

■ 設問 ■

以下の設問に、適切なら○、不適切なら×で答えてください。

1) 訪問の予約（アポイントメント）は、何のためにとるのでしょうか。
　①先方に面談の目的をあらかじめ理解してもらうため。
　②先方の都合を確認し、時間をとっていただくため。
　③先方に自分の都合を話し、自分のスケジュールに合わせてもらうため。

2) 訪問の予約（アポイントメント）をとらずに訪問することについて、どのように考えればよいでしょうか。
　①アポイントメントをとらずに訪問することは、相手の仕事のペースを乱すので、例外なく許されない。
　②転任や新任のあいさつの場合は、アポイントメントなしでも会っていただける場合がある。

3) 早く着きすぎたとき、どうすればよいでしょうか。
　①30分以上早く着いたが、遅刻するよりはよいと思い、そのまま訪問した。
　②早く着きすぎたときは、どこかで時間をつぶし、10分前くらいになったら受付を訪問する。

4) 遅刻しそうなとき、どうすればよいでしょうか。
　①電話をする時間があったら、少しでも早く向かったほうがよいので、電話せず訪問先に向かう。
　②遅れる前に電話してお詫びし、事情を話してどうすべきか相談する。

5) 訪問時の態度について、以下の場合どのように考えればよいでしょうか。
　①お時間をいただいたお礼、あいさつなどをした後、商談に入る。
　②時間をとらせるのはご迷惑になるので、即座に商談に入る。

訪問の仕方（2）
名刺交換・紹介

　第6章では、訪問前、訪問時、訪問後の場面別にマナーを確認しました。この章では訪問時に欠かせない「名刺交換」と「紹介の仕方」について手順を確認し、スムーズにできるようにしたいと思います。これらは社会人特有のあいさつですが、少しルールが複雑で、先輩社員も正しく知らないということがよくあります。これらをマスターすることは、ビジネスパーソンとして人と関わる第一歩と考え、ぜひ身につけてほしいと思います。

○ Step1　名刺交換
　　　　　初めのあいさつである名刺交換の基本を身につけます。

○ Step2　紹介の仕方
　　　　　上司など、同行者を紹介するときのルールを理解します。

Step1　名刺交換

（1）名刺の準備

①名刺入れを購入します。財布や定期入れなど、用途が違うものを使用しないこと。また、会社によっては色の指定がある場合もあります。先輩に聞いてから用意することをお勧めします。

②常に20枚程度は持ち歩きます。その日のスケジュールをよく確認し、枚数に余裕を持たせます。外出前に必ず確認する習慣をつけましょう。

③きれいな名刺を使いましょう。端が折れたり、汚れたりした名刺は絶対に使用しないこと。

④名刺入れは、男性はスーツの内ポケット、女性はかばんに入れて携帯します。すぐに取り出せるよう、あいさつの前には手元に用意しておきます。

（2） 名刺の出し方

名刺は訪問者または目下の者から差し出すのがルールです。

①必ず双方が立ちます。できるだけテーブルなどをはさまず、向かい合って渡します。
②まず、名刺入れから名刺を1枚取り出します。
③名刺を相手が読める方向に向け、胸の高さに持ちます。
④「○○会社、○○部の○○と申します。どうぞよろしくお願いします」と名乗ります。
⑤軽く頭を下げ、両手で渡します。

（3） 名刺の受け方

①相手が名刺を出したら、両手で名刺の端を持ちます。文字を指で押さえないように注意しましょう。
②「ちょうだいいたします」と言い、胸の高さで持ったまま一読し、読めなければ名前を確認します。
③受け取った名刺は、名前が覚えられれば名刺入れにしまいます。覚えられない場合は、商談が終わるまでテーブルに置いておきます。
※立って話すときは、両手にもったままにします。

（4） 同時交換

ビジネスでは、時間短縮の配慮や、お互いに自分から渡そうとする配慮から、名刺を同時に交換することが多くあります。その手順も覚え、身につけましょう。

①訪問者から先に名乗ります。「○○会社、○○部の○○と申します」
②迎える側が名乗ります。「○○会社、○○部の○○と申します」
③同時に、右手で名刺を差し出し、左手で受け取ります。空いた右手をすぐに添え、両手で名刺を持ちます。
④一読し、お互いに名前を確認したら、「よろしくお願いします」とあいさつします。

（5） 練習①

ペアになり、名刺の受け渡しを練習してみましょう。訪問者役の人が先に渡してください。

（6） 練習②
ペアになり、同時交換を練習してみましょう。

●こんなとき、どうする？
①名刺を切らしてしまった！

②名刺を先に出されてしまった！

Step2　紹介の仕方

　ビジネスの場では、自己紹介だけでなく、「他者を紹介する」という場面が多くあります。ここでは、自分が訪問者である場合を想定し、人を紹介する場面であわてず対応できるよう、ルールを理解していきます。

（1）　紹介者（同行者）が1名の場合
　①「弊社営業部長の○○です」などと同行者（自社の人）を先に先方に紹介します。
　②「こちらはいつもお世話になっている○○社課長の○○様です」などと、先方を同行者（自社の人）に紹介する。

（2）　紹介者（同行者）や先方が複数名の場合
　①自社の同行者を先に紹介し、次に先方を同行者に紹介する、という手順は同じです。
　②紹介時、同行者の中で役職が高い者から順に紹介します。
　③先方を同行者に紹介するときも、先方の中で役職が高い方から順に紹介します。

（3）練 習

①あなたは、上司の湊部長といつもの取引先を訪問しました。先方は、山本課長、高井係長、担当の中村さんの3名です。どのように紹介すればよいでしょうか。

②上記の状況で、5人一組で名刺交換をしながら紹介をしてください。

●●●●●●●●●●●●●●●●●●●● ミニケース「大勢での名刺交換」 ●●●●●●●●●●●●●●●●●●●●

　あなたは上司の山口課長と営業先に向かいました。アポイントメントをとっている相手は、芝野課長と担当者の山中さんで、あなたも今日が初対面です。名刺交換はどのような順番で行えばよいでしょうか。

1. 役職が同じもの同士が先に交換する。よって、山口課長と芝野課長、あなたと山中さんが交換し、その後ペアを入れ替える。
2. 人数が多いので、そばにいる人から順番に交換し、時間の無駄がないようにする。
3. 山口課長が芝野課長、山中さんの順に名刺交換し、その後あなたが同様に2人と名刺交換する。

ヒント

　紹介も名刺交換も、訪問した側が先に行います。また、役職が高い順に行うのが一般的です。

■ 設問 ■

以下の設問に、適切なら○、不適切なら×で答えてください。

1) 名刺を切らしてしまったときは、どうすればよいでしょうか。
   ①その日お渡ししないのは失礼なので、会社に取りに戻り、すぐ届ける。
   ②「申し訳ございません、名刺を切らしております」と謝り、社名と氏名を名のる。後日手紙を添えて郵送する。

2) 名刺の取り扱いについて、どうすればよいでしょうか。
   ①名前の読み仮名や商談内容など、忘れないようその場でいただいた名刺に書き込む方が、熱意が伝わってよい。
   ②名刺は相手の分身と考え、その場では書き込みをしないで持ち帰る。

3) 名刺の受け渡しについて、どうすればよいでしょうか。
   ①テーブルを挟まず交換できるよう、応接セットから離れて交換する。
   ②余計な時間をとらず、手早くすることが大切なので、テーブルを挟んだまま交換する。
   ③名前の読み方がわからないときは、初対面の名刺交換で聞くのは失礼なので、あとで他の人を経由して確かめる。
   ④名前の読み方がわからないときは、最初に確認したほうがよいので、名刺交換のときに「失礼ですが、どのようにお読みするのでしょうか」などと尋ねる。
   ⑤訪問した側が先に出すのがルールなので、迎えるときは相手が目上でも出されるのを待つ。
   ⑥訪問した側が先に出すのがルールだが、常に自分から出そうとする姿勢でいるようにする。

来客応対

　応対者は会社の代表です。自分を訪ねてきたお客様でなくても、会社のお客様であることは確かですから、居合わせた人が自分のお客様と考え、応対しましょう。特に、受け付けの部署が設置されていない会社では、全員がこの意識をもてるかどうかが会社の印象を左右することになります。忙しい中、夏の暑い中、冬の寒い中をわざわざ来社くださったお客様に対しては、感謝と歓迎の気持ちをもってお迎えし、迅速に対応することが必要です。

○ Step1　来客応対の基本
　　　　　お客様を迎える心構えと基本的な手順を確認します。

○ Step2　場合別の取り次ぎ方
　　　　　状況によって、どのように取り次げばよいかを理解します。

○ Step3　席次の理解
　　　　　お客様をどの席にご案内すればよいか、知っておきましょう。

Step1　来客応対の基本

（1）迎える準備
①事前に訪問の申し入れを受けたときは、日時、用件、人数、所要時間を確認します。
②打ち合わせに必要な書類があれば、人数分用意しておきます。
③お茶葉、湯のみ、お盆など、おもてなしに必要なものが揃っているかを確認します。
④会議室や応接室の予約をし、来社予定時間より早めにクーラーや暖房を入れておきます。

（2） お客様がお見えになったら

① 来客に気づいたら、立ち上がって「いらっしゃいませ」と声をかけましょう。

② 誰に会いに来たのか、約束があるかどうかを確認します。名刺などがいただける場合は受け取り、名指し人に渡しましょう。相手が確認できたら、「いつもお世話になっております」と一言添えます。

③ 名指し人に取り次ぎます。遠くから大声で呼んだりせず、その場まで行って来客があることを伝えます。

④ 名指し人にどうするか尋ねます。お客様をご案内するか、お待ちいただくか指示を受け、お待ちいただく場合は、必ず「○○はただいま参ります。少しお待ちくださいませ」などとフォローします。

⑤ ご案内する場合は、「お待たせいたしました。こちらへどうぞ」と声をかけ、お客様を誘導します。

（3） お客様を迎える動作

お客様をお迎えするときは、笑顔はもちろん、適切な動作が必要です。

ここでは、お辞儀の使い分けを理解し、練習してみましょう。

① 15度　会釈
　軽いあいさつのとき
　「失礼します」
　「おはようございます」

② 30度　一般的な礼
　一般的なあいさつのとき
　「いらっしゃいませ」
　「よろしくお願いします」

③ 45度　最敬礼
　深い感謝やお詫びのとき
　「誠にありがとうございました」
　「本当に申し訳ございません」

Step2　場合別の取り次ぎ方

（1）　アポイントメントがある場合
①「お待ちいたしておりました」とあいさつします。
②すぐに名指し人に連絡します。
③お待たせしたことをわび、ご案内します。

（2）　アポイントメントがない場合
①用件を確認します。
　「失礼ですが、どのようなご用件でしょうか」
②担当者に取り次ぐことを伝えます。
　「お目にかかれるかどうか、確認して参ります」
③担当者に連絡し、お客様の社名と名前、用件を伝えます。
④会える場合　：待たせたことをおわびし、ご案内します。
　会えない場合：丁寧にお断りします。
　　　　　　　「せっかくお越しいただきましたのに、誠に申し訳ございません。あいにく○○は来客中でございます。いかがいたしましょうか」

（3）　応用編
①相手が名乗らないときも、必ず名前は確認します。
　「失礼ですが、どなた様でいらっしゃいますか」
②アポイントメントがあるかどうか不明なときは、約束を確認します。
　「お約束をいただいておりますでしょうか」
③名指し人が不在のときは、相手が判断しやすいよう、戻り予定などを伝えます。
　「あいにく○○は出張いたしております。明後日は朝から出社して参りますが、いかがいたしましょうか」

（4）　誘導時
①「こちらでございます」などと手で方向を指し示してからご案内します。
②お客様にとっては不慣れな場所であるため、ゆっくり歩きます。
③お客様の視界をさえぎらないよう、右か左に少し寄って歩きましょう。
④お客様にとって適切な速さで歩いているか、時折振り返って確認します。

| Step3 | 席次の理解 |

Q. お客様を応接室の上座に案内するように言われました。どういう場所が上座なのでしょうか。

A.

（1） 応接室

上座だと思う席から、番号を記入してください。

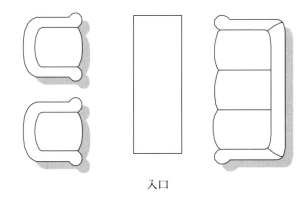

入口

（2） エレベーター

上座だと思う場所から、番号を記入してください。

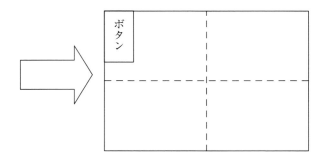

（3） 自動車

上座だと思う席から、番号を記入してください。

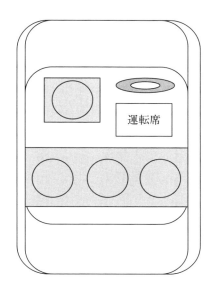

（4） 列　車

上座だと思う席から、番号を記入してください。

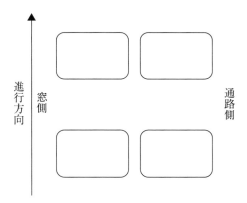

ミニケース「電話中にお客様が来社されたら」

あなたは修理受付のカウンターを担当しており、お客様からの問い合わせ電話を受けていました。そこに別のお客様が修理を依頼するため、来社されました。お客様の来社に気づきましたが、電話は重要な内容で、途中で切ることは難しい状況です。近くに他のスタッフの姿が見えます。あなたはどのように対処すればよいでしょうか。

1. 電話で話しながらお客様に会釈し、お待ちいただくように手でイスを示す。その上で近くのスタッフに手をふり、お客様の応対を任せる。
2. 電話よりも足を運んだお客様の方が優先なので、電話のお客様には電話を切ることを伝え、来社されたお客様の応対をする。
3. 自分は電話応対をしているのだから、他の社員が気づいて応対すべきと考える。よって、お客様は無視して電話を続ける。

― ヒ ン ト ―

仕事は自分ひとりでしているのではありません。また、電話のお客様も来社のお客様も、どちらも大切に応対するためには、どうすればよいでしょうか。

■ 設問 ■

以下の設問に、適切なら○、不適切なら×で答えてください。

1) あなたは事務所で働いています。来客応対は他の社員の仕事ですが、その社員が部長と話しているときにお客様がお見えになりました。どうすればよいでしょうか。
   ① お客様が優先なので、部長と話し中の来客担当者に声をかけ、応対を促す。
   ② その場にいる自分が「いらっしゃいませ」とお迎えし、お客様を取り次ぐ。

2) 来客応対中の上司に電話がありました。お得意様からの電話で、お急ぎの様子です。どのように対処すればよいでしょうか。
   ① 電話の内容をメモ書きにし、来客に会釈をしたうえで応対中の上司に渡す。
   ② お客様が急いでいる様子なので、メモを書くよりも早く上司のところに行き、小声で耳打ちする。

3) 社長と古い付き合いのお客様が、受付を通さず手を振って社長室に向かってしまいました。受付のあなたはどうすればよいでしょうか。
   ① お客様を一度呼び止め、社長に確認が取れるまでお待ちいただくようにお願いする。
   ② 社長との付き合いがあるので、呼び止めるのは失礼にあたるため、そのままにする。
   ③ 社長室にお客様が向かったことを、急いで内線連絡する。

4) 課長に、アポイントメントのある竹歳様と、アポイントメントのない松岡様が同時にお見えになりました。松岡様は転勤のあいさつとのこと。受付のあなたはどうすればよいでしょうか。
   ① 2人のお客様を前にして課長に内線電話し、事情を話してどうすればよいか判断を仰ぐ。
   ② 松岡様があいさつだけで早くすみそうなので、竹歳様に了解を得て、先に松岡様をお通しする。
   ③ アポイントメントのある竹歳様を先にお通しし、その後松岡様を取り次ぐ。

5) 応接室でお茶を出すことになりました。この部屋にはサイドテーブルがありません。どうすればよいでしょうか。
   ① お盆にお茶を乗せたまま、片手で配る。
   ② 末席の社員（社内の人）に小声でことわって、テーブルにお盆を置かせてもらう。そして茶たくを両手で持って配る。

コーヒーブレイク3

「お礼の手紙」

　皆さんは、誰かにお世話になったとき、お礼の手紙を出していますか？

　感謝の気持ちはあっても、そのうち伝えようと思ったり、それをどう表現しようかと考えたりしているうちに、タイミングを逃すことがあるかもしれません。しかし、気持ちを表さずにいるより、伝えた方が、自分も相手も気持ちがよいものです。

　そこで、お礼状を書くために大切なことを3つ挙げてみようと思います。

①スピード

　表現に迷い、あれこれ考えていると、日が経つにつれて感謝の気持ちやそのときの出来事の記憶が薄らぎ、余計に書きづらくなります。お礼を言うのは何よりタイミングが大切ですので、考えすぎずその日のうちに書くようにしましょう。

②感謝

　お礼を言うことで、内定をもらおうとか、次の商談につなげようとか、あからさまに別の目的で書いた文章は、相手にもそれが伝わります。感謝の気持ちを表すことに集中して書きましょう。

③簡潔さ

　たくさんの文章を、気の利いた文面で書こうと意気込むと、書くことを負担に感じて、なかなか書けなくなってしまいます。何に対してどのように感謝しているのかを簡潔に書くようにしましょう。

　お礼状で感謝の気持ちを伝え、関係がより深まるといいですね。

お礼状（例）

拝啓　○○の候、貴社におかれましては益々ご清栄のこととお喜び申し上げます。

　さて、このたびは内々定のご連絡をいただき、本当にありがとうございました。嬉しくて、お電話をいただいた後、すぐに家族に報告しました。県外から採用試験に参加した私のために、別日程で説明会を開催してくださった上、一日で全ての選考を実施してくださったご配慮に、心より感謝しております。

　卒業までの間、充実した毎日を送りながら入社に備えたいと思いますので、どうか今後ともご指導のほどよろしくお願い申し上げます。

　まずはお礼まで。ありがとうございました。

敬具

平成○年○月○日

○○　○○様

○○　○○

- 「拝啓」は一マス下げない。
- 「拝啓」の後は一マス空ける。
- 何にどのように感謝しているか、簡潔に書く。
- 「拝啓」の結びは「敬具」を使う。
- 日付は一マス下げて書く。
- 宛名は一マス下げないで書く。
- 自分の名前は下の方に書く。

9 仕事におけるコミュニケーション（1）
傾　聴

　仕事では、コミュニケーションが大切だと言われます。では、コミュニケーションと言われると、どのような行動を思い浮かべますか？　コミュニケーションというと、わかりやすく伝えるなど「発信型」の行動が思い浮かべられやすいのですが、コミュニケーションを支えるのは、「聞く」という行為です。相手の話を聞くことができるからこそ適切な話ができることから、「聞く」行為はコミュニケーションの土台であると考えられます。今日は「聞く」ために必要な態度や行動を理解したいと思います。

> ○ Step1　聞く態度の基本
> 　　　　　話を聞くために必要な姿勢や行動を理解します。

> ○ Step2　傾聴トレーニング
> 　　　　　実際に話を聞いてみましょう。

> ○ Step3　指示を聴く
> 　　　　　傾聴の姿勢で話を聴き、聞き取れたことを相手にフィードバックします。

Step 1　聞く態度の基本

（1）「聞く」と「聴く」の違い
　①聞く：情報を積極的に取り込むつもりがなくても、音声が自然に耳に入ってくるような、生理作用。
　②聴く：情報を意識的・積極的に取り込もうとする心の作用。相手との相互作業であり、コミュニケーションの重要な要素。

（2）聴き方のポイント
　①体を相手のほうに向ける
　②話し手の目を適度に見る。
　③適度にうなずき、あいづちをうつ。
　④少し前傾する。
　⑤話にマッチした表情で聴く。

Step 2　傾聴トレーニング

（1）実際に話を聴いてみる
　今から話す内容を考えて2～3名一組で順番に話してみましょう。話す内容は何でもかまいません。自分が話したいと思うことなら、「うれしかったこと」「驚いたこと」「昨日みたテレビ番組のこと」など自由にテーマを決めてお話しください。
　聴くときは、先ほど理解した「聴き方のポイント」に沿って話を聴いてみましょう。

○話す内容メモ（例：最近うれしかったこと）

（2）気づいたことを考えてみる

・話を聴いていて、話し手の変化に気づいたことや感想
・話をしていて、聴き手の態度に気づいたことや感想

○聴いていて気づいたこと、感想

○話していて気づいたこと、感想

Step3　指示を聴く

（1）講師の指示を聴く

聴いた内容をメモにとり、指示を聴き、聴いた内容をメモにとりましょう。聴き終わったら少し時間をとってまとめ、聴き取った内容を隣の人と交互に報告しあいましょう。独学で学んでいる方は、解答 p.102 の内容を他の方に読んでもらい、聴き取ってください。

○聴き取った内容

（2） お互いに指示を出し、聴く

2人でペアになり、以下の内容を相手に指示してください。聴き手になった人はメモを取りながら指示を受けます。このとき、傾聴の態度・動作を忘れないように指示を受けてください。

※指示の内容はところどころ空欄になっています。そこは自由に設定してください。
　指示内容は、違う内容に変えても構いません。

【指示内容】

明日の授業用テキストの印刷をお願いします。

部数は＿＿＿＿＿＿部、角はステープラーでとめてください。（または、とめないでください）

1枚目だけは表紙として＿＿＿＿＿＿色のカラー用紙を使い、あとは白い紙を使ってください。

締め切りは、今日の＿＿＿＿＿＿時までです。＿＿＿＿＿＿＿＿＿に提出してください。

○聴き取った内容

●●●●●●●●●●●●●●● ミニケース「話は聞いていたのに」 ●●●●●●●●●●●●●●●

　会議中、部長から新しいプロジェクトの提案がありました。このプロジェクトにはあなたも興味があり、書類を真剣に読みながらしっかりと話を聞き、自分の担当業務を理解しようと努めていました。しかし、会議が終わった後、あなたは竹歳部長に呼び止められました。

「全然話を聞いていなかったみたいだけど、このプロジェクトに対してどんな感想を持っているの？」

　あなたは誰よりも真剣に聞いていたつもりなのに、どうして部長はこのように感じたのでしょうか。

1. 部長が主観でそのように感じてしまった。
2. 聞いていたことを、うなずきやメモを取るなどの行動で示していなかった。
3. 聞こうとする気持ちが足りていなかった。

―ヒント―
　「聴く」ことは、心がけだけの問題ではありません。本当に聞いていることはもちろん、話し手から見て聞いていることがわかるかどうかが大切です。

■ 設問 ■

以下の設問に、適切なら○、不適切なら×で答えてください。空欄の場合は答えを書き込んでください。

1) 適切な「聴き方」になるよう、空欄に言葉を記入してみましょう。
    ①（　　　　　　）を話し手の方に向ける。
    ②話し手の（　　　　　　）を適度に見る。
    ③適度にうなずき、（　　　　　　）をうつ。
    ④少し（　　　　　　）した姿勢で聴く。
    ⑤（　　　　　　　　）した表情で聴く。

2) 適切な「聴き方」をすることで、どのような効果が考えられますか。当てはまるものに○、当てはまらないものに×をしてください。
    ①話し手が、「聴いてもらえている」と感じることができる。
    ②話し手が、聴いてもらえる安心感から、もっと話したい気持ちになる。
    ③適切に聴くことで、聴き手にとって内容がよく理解できる。
    ④適切に聴くことで、話し手が聴き手に信頼関係がうまれる。
    ⑤適切な聴き方は、話し手にとってのみメリットがある行為である。

仕事におけるコミュニケーション（2）受命と報告

　私たちは、入社するとまずは上司の指示を受けて行動し、仕事を理解していきます。会社の仕事は、会社の経営方針にのっとったものであり、各部署の責任者がそれに沿った指示を出して進められていきます。しっかりと指示を受けることで仕事を理解し、徐々に個人の判断や提案ができるレベルを目指しましょう。また、仕事は指示を出した上司に報告して初めて完了したことになります。この2つを確実にできるようになると、信頼され、仕事を任せてもらえるチャンスが増えていきます。ビジネス上とても重要な行動ですので、ぜひマスターしたいと思います。

> ○ Step1　指示の受け方「受命」
> 　　　　　指示を適切に受けるために必要な手順や行動を理解します。

> ○ Step2　報告の仕方
> 　　　　　報告や連絡のポイントを理解します。

> ○ Step3　練習
> 　　　　　実際に指示を受け、それを報告してみましょう。

第10章 仕事におけるコミュニケーション (2) 受命と報告　67

Step 1　指示の受け方「受命」

（1）指示を受ける手順

①呼ばれたらすぐに「はい」と返事をします。
②メモ用紙と筆記用具をもち、上司のところに行きます。
③指示の内容をメモしながら聞きます。
④内容を復唱します。

Q1. 上司の指示にわからない点がありました。どうすればよいでしょうか？
　①忘れないよう、その都度質問したほうがよい。
　②最後まで聞いてから、わからないことをまとめて質問するほうがよい。

Q2. 直属の上司から指示された仕事をしていたら、さらに上位の上司から仕事の指示がありました。どうすればよいでしょうか？
　①不公平にならないよう、頼まれた順番に処理する。
　②役職が高い上司に頼まれた仕事の方が、重要度が高いと考えて先に処理する。
　③今担当している仕事を説明し、どちらを急ぐべきか質問する。

Step 2　報告の仕方

（1）報告の仕方のポイント

①仕事が完了したら、できるだけ早く報告します。
②指示を出した上司に報告します。
③悪い状況、トラブルが起きたときほど早めに報告します。
④完了まで時間がかかる仕事は、中間報告をします。
⑤ささいなことも自分で勝手に判断せず、報告します。

（2）口頭による報告

　日常業務についての進行状況や出先などで急な用件ができ、急いで報告する必要がある場合は、口頭での報告が適しています。

①もれがないよう、5W3Hに沿ったメモを作っておきます。
②相手の状況を確認し、了解を得ます。
　　「部長、○○についてご報告したいのですが、お時間よろしいでしょうか」
③結論から先に述べ、経過や状況、理由などは後で述べます。
　　「昨年よりも、売上高が10％減少しています。私の予想では、原因は2つあると考えており、……ではないかと考えています。これについては来場者アンケートの結果を集計しているところですので、結果が出次第ご報告いたします」
④複数の報告事項があるときは、緊急度や重要度の高いものから順番に報告します。
⑤事実を客観的に述べ、自分の意見や推測などは明確に区別して述べましょう。
⑥数字などを用い、曖昧な表現は避けましょう。
　　○　「納品日の交渉までは完了しております」「8割のお客様に満足いただけました」
　　×　「たぶん大丈夫だと思います」「多くのお客様に喜んでいただけました」

（3）文書による報告

　文書で報告するよう求められたときはもちろん、報告事項を回覧・保管するとき、また報告内容に数字や図表などが含まれるときは、文書での報告が適しています。
　規定の報告書式がある場合はそれに従って作成します。ない場合は以下のポイントに沿って作成しましょう。
①タイトル、日付、作成者を書きます。
②結論を先に、経過や状況、理由などは後で記述します。
③要点は箇条書きにするなどして、読みやすいことを心がけます。
④統計・データなどがあるときは、必ず添付します。

Step3 練 習

（1） 講師からの指示を受けてみましょう。以下に指示内容をメモしてください。独学で勉強している方は、解答のp.102を誰かに読み上げてもらい、メモしてみましょう

メモが取れたら、指示を出した人に復唱してください。

```
Memo


```

（2） 先ほど指示を受けた仕事が完了しました。隣の人を上司にみたて、口頭で報告してください。ただし、仕事の状況は以下の通りです。

- イベントは「○○屋　駅前店」に実施許可をいただけた。
- 日時は1月15日15:00～18:00の3時間。
- イベントでアンケートをとる学生アルバイトの予算が5名×1,500円×3時間。
- 紙コップ代が3,000円、アンケート用紙とボールペンが1,000円、協力者への謝礼として配布する新作缶ビール1本350円×100名＝35,000円　以上が必要経費。
- アンケートは、「価格」「コク」「キレ」の3点について4段階評価で行う。

（3）試飲実施とアンケート結果に関する報告書を書きましょう。

（2）の報告どおりに実施完了。アンケート調査の結果は以下の通りでした。

この結果から、「金額はこのままでも販売可能」「コクへの評価が高いことから、冬の鍋料理に合うビールとして評価されるのではないか」と私は考えています。

そのことも報告に盛り込んでください。

	とても強い（安い）	少し強い（少し安い）	少し弱い（少し高い）	とても弱い（高い）
価格	5	70	20	5
コク	35	50	10	5
キレ	10	15	70	5

平成　年　月　日

広報部長　岡部　泰正　様

商品企画事業部

について

第10章　仕事におけるコミュニケーション（2）受命と報告　71

●●●●●●●●●●●●　**ミニケース「指示された仕事が終わらない」**　●●●●●●●●●●●●

　今日の終業時刻までに完了させるよう指示された仕事が、終わりそうにありません。そこで依頼主である田辺課長に、途中経過を報告することにしました。どのように報告すればよいでしょうか。

1. 「自分にはできない」と報告する。
2. 状況を分析したうえで報告し、課長の指示を仰ぐ。
3. 誰かに手伝ってもらうことを提案する。

──┒ヒント┎──────────────────────────────
　できないと簡単に結論を出さず、状況をよく考えて、いつまでならできそうか予測したり、どうすればできるかという見通しを持ったりしたうえで上司に報告します。予定通りでないときは、上司も対策を考える時間が必要となるため、早めの報告が大切です。

■ 設問

以下の設問に、適切なら○、不適切なら×で答えてください。空欄の場合は答えを記入してください。

1) 部長に指示された仕事が完了しました。報告したいのですが、部長はとても忙しそうな様子です。どのように応対すればよいでしょうか。
　①忙しいときに報告すると迷惑がかかるので、もう少し時間をおいてから報告することにする。
　②「部長、〇〇の件でご報告があります。お時間よろしいでしょうか」と声をかけ、都合を確認する。

2) 指示を受けるときは、どのようにすればよいでしょうか。
　①上司に呼ばれたら返事をし、すぐに上司のもとへ行く。そのときメモを持参する。
　②わからないことは、忘れないうちにすべてその都度質問する。
　③指示を聞き終わったら、（　　　　　　　）する。

3) 指示が重なったら、どのようにすればよいでしょうか。
　①不公平にならないよう、頼まれた順にとりかかる。
　②役職が上位の上司の指示から先にとりかかる。
　③今引き受けている仕事について説明し、どうすべきか指示を仰ぐ。
　④先に引き受けた仕事を確実に実行するため、後の指示を断る。

4) 課長から指示された資料作成が完了しましたが、課長は不在でした。この資料は課長がチェックした後、部長に提出されることになっています。どうすればよいでしょうか。
　①最終的には部長に提出される資料であるので、部長に提出する。
　②指示を出した人に報告すべきであるので、課長の机に提出し、課長が帰社したときに報告する。

5) あなたはお客様と商談中の部長から、このまま応接室で昼食をとるのでお弁当を注文するよう指示されました。お客様は3名とホワイトボードに書いてあったので、部長の分を合わせて4つ注文しました。応接室に届けると、お客様が4名で、1つお弁当が足りません。この中で問題があるのは誰でしょうか。
　①人数変更を知らせてくれなかった部長に問題があった。
　②「お弁当は4つでよろしいですか」と確認しなかったあなたに問題があった。

仕事におけるコミュニケーション（3）
主　張

　ここまで、電話や接遇など、様々なシーン別に必要とされるビジネスマナーについて学んできました。これらはある程度、相手への配慮を形式として表しやすいテーマですが、第9章の「傾聴」、第10章の「受命と報告」、そしてこの11章の「主張」は、対応する事例によって様々な判断がともなうため、考え方を理解することが必要です。

　この章のテーマは仕事における主張です。「アサーティブネス（Assertiveness）」とも言われ、自分の要求や意見を、相手の権利を侵害することなく、誠実に、率直に、対等に表現することを指します。仕事では、様々な立場の方と交渉する場面があり、利害関係が対立する場面があります。お客様の利益、自社の利益の両方を大切にすることはもちろんですが、その上で自分の考えをはっきりと述べなければなりません。しかし、アサーティブであることは、自分の意見を押し通すことではありません。この章では、攻撃的にならず、自分の言いたいことを引っ込めてしまわず、気持ちよく主張できる方法を身につけたいと思います。

> ○ Step1　アサーティブネス（自分も相手も大切にする主張法）とは
> 　　　　　アサーティブな主張とはどのようなものか、理解します。

> ○ Step2　アサーティブな表現のポイント
> 　　　　　アサーティブな主張のポイントを理解します。

> ○ Step3　演習
> 　　　　　事例を使い、アサーティブな主張を練習してみます。

| Step 1 | アサーティブ（自分も相手も大切にする主張法）とは |

(1) 私がもつ、伝え方の特徴は何か

> 先日友人と食事に行ったとき、皆で写真をたくさん撮りました。あなたも使用しているSNSサイトに、友人がその時の写真をアップしています。楽しみに見てみると…なんと、私の目が半開き！あまりよい表情ではありません。
> あなたは、できればその写真は掲載をやめ、他の写真に替えてほしいと思いました。さて、あなたは友人に対して何と言いますか？

●私の答えに近いものはどれでしょうか。

①	●相手に配慮が不足しているので、写真を替えてくれるよう遠慮なく直球で伝える。 「ちょっと、あの写真嫌なんだけど。やめてよ〜」 「あれはないでしょう！他のに替えてよ〜」
②	●言い出せず、変な写真のまま我慢する。 さりげなく写真の話題を出して反応を見る。 自意識過剰だと思われたくないので、言わない。
③	●配慮の言葉を出した上で、写真を変えてほしいと頼む。 「写真をアップしてくれて、ありがとう」 「みんなのいい笑顔の写真だから申し訳ないんだけど」 →などと配慮の言葉の後、「目が半開きで、恥ずかしいから替えてほしいんだぁ〜」

　あなたはどのタイプだったでしょうか。このタイプはいつも必ずそうというわけではなく、状況や相手によっても変わることがあります。自分がどんなとき、どんな言い方をするクセがあるのかを知っておきましょう。

※各主張タイプごとの特徴

主張タイプ	基本マインド	発言・行動傾向	反論時
①アグレッシブ（攻撃的）	私だけがOK	否定、決め付けが多い 攻撃、怒鳴る、復讐	違いますよ〜！ ありえない
②パッシブ（受身）	相手だけがOK	ストレートでない、意味なく謝る 消極、犠牲、あきらめ、不平	（意見を言わず） そうかもしれません
③アサーティブ（自他尊重）	私も相手もOK	明快でわかりやすい 穏やかな固執、妥協可能	私はこう思いますが どうですか

(2) アサーティブな表現が必要な場面

日常生活、仕事にかかわらず、このような場面ではアサーティブに主張することが求められます。

- 相手に要求したいことがある。
- 腹立たしいことがある。
- 自分に非がある。
- 言いにくい内容を伝える。
- 断りたいことがある。
- 不当な批判をされる。
- 誤解がある。　など

(3) アサーティブな主張の基本精神

自分も相手も大切に主張するためには、以下の4つの基本精神をもつことが必要です。

①誠実 ・自分と相手に誠実である。 ・自分の気持ちをごまかさない。	②率直 ・遠まわしに言わない。 ・簡潔に言う。
③対等 ・自分を卑下しない。 ・相手を見下さない。	④自分の選択による結果に責任をもつ。 ・言ったことで不利益があっても、受け止める。 ・言わないことで不利益があっても、受け止める。

Step2　アサーティブな表現のポイント

(1) アサーティブな表現のポイント

①「私メッセージ」を使う。

　遅刻した友人に対して

　○「連絡がないので、(私は) 心配したよ」

　×「(あなたが) 連絡くらいしてよ！」

②代わりの案を用意する。

　明日までの頼まれごとが間に合いそうにないとき

　○「もう1日あればできそうだけど、どうかなあ？」

　×「ごめん。間に合わないよ」

③具体的に伝える。
　学園祭の手伝いをあまりしてくれないメンバーに対して
　○「大道具の材料集めを手伝ってほしいんだ」
　×「もっと真面目にやってよ」
④肯定的に考える。
　的外れな意見を言うメンバーに対して
　○「この部分をこう変えると、うまくできそうですね」
　×「そんな意見では無理だ」

●練習問題
　すごく楽しみにしていたテレビ番組が始まる直前、友人から電話がかかってきました。アサーティブな主張をして、電話を断ってみましょう。

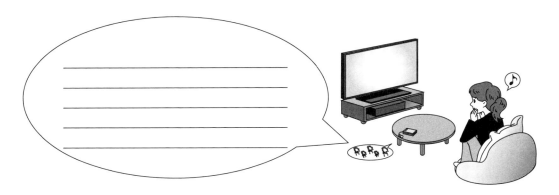

（2）　ボディーランゲージ
　アサーティブに主張するためには、言葉だけでなく、体全体で主張する必要があります。

①目
　・目線の高さがあっているか。
　・目つきはどうか。
②口とあご
　・気持ちが出やすい。
　・断るときに微笑んでいないか。
③距離
　・近すぎ、遠すぎていないか。
　・正面を向いているか。

④声
　・大きさ、高低はどうか。
　・速度はどうか。
⑤姿勢
　・しっかり座って（立って）いるか。
　・リラックスしているか。

（3）断るときのポイント
①否定から入らない。
　　○「そうか」「うん」「そう思っているんだね」
　　×「いや」「でもね」「だけど」「そうじゃなくて」
②何に対してＮＯなのか的をしぼる。
　　○「期限まで短すぎて」「2人では難しいよ」「以前の資料がないとわからない」
　　×「たぶんできないわ〜。ごめん」
③条件・代案を提案する。
　　○「火曜日までならできるのですが」「お手伝いいただけるなら」
　　×「ちょっと無理かも」

（4）頼むときのポイント
①要求の的をしぼる。「急な出勤は、前日までに言ってほしいのです」
②繰り返し自分のポイントに立ち返る。「土曜は来客が多いことはわかりました。しかし…」
③気持ちを言葉にする。「すごく困っていて」「引き受けてくれたらうれしい」
④相手を理解する。「忙しい日にアルバイト生が休むと、店長もお困りだと思います。でも…」
⑤ボディーランゲージをはっきりと。

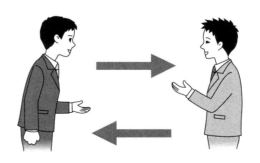

Step3　練　習

　2人でペアになり、頼んだり断ったりしてみましょう。どちらかの役を担当してください。Aさんは、攻撃的にならず、かつすぐ引き下がってしまわず、Bさんに頼みます。Bさんはそれを断ります。強く断っても構いませんが、強く言えない場合はアサーティブに断り続けます。状況は以下の通りです。

　これまでに習得したアサーティブな表現を駆使して、気持ちよく主張してみましょう。断る役の方は、聞いてもいいかなという気持ちになったら、要求を聞いても構いません。

　2回練習しますので、2回目は役割を変えて実践してください。

【状況設定】
●Aさん（頼む）
　・カフェでアルバイトをしている。店長の信頼は厚い。
　・来週の土曜日どうしても休みたい。志望度の高い会社の就職試験があるため。
　・就職試験の日程を変えてもらうよう問い合わせたが、断られた。
　・土曜を休めるなら、他の日に出勤するつもりがある。

●Bさん（断る）
　・Aさんがアルバイトするカフェの店長。他のアルバイトよりもAさんの接客が上手であると思っている。
　・土曜は来店者が多く忙しいので、Aさんにどうしても出勤してほしい。
　・他のメンバーは新人ばかりで、Aさんがいないと不安である。

第11章　仕事におけるコミュニケーション（3）主　張　79

●●●●●●●●●● ミニケース「主張の仕方は問題ないはずなのに…」●●●●●●●●●●

あなたは先日の社内研修でアサーティブな表現の仕方を学び、相手を傷つけず主張する方法を理解しました。そこで、日頃頻繁にアフターファイブの飲み会を強要する部長に、もう少しペースを減らしたいという気持ちを伝えることにしました。

「部長、いつも誘ってくださってありがとうございます。でも、このところ子どもの学費がかさんで、お小遣いが減っているんです。毎週でなくて、月に1度くらいなら、とてもうれしいのですが」

「そうか。ではこれからは君の後輩の山中君を誘うよ。もう君は誘わない」

あなたは、毎週飲みに行くことは負担に感じていましたが、そのつきあいを通じて部長と親しくなり、いろんな話ができることはうれしく思っていました。

「部長が気分を害してしまった。アサーティブな表現をしたのに、うまくいかなかったじゃないか。こんなことになるのなら、言わなければよかった…」

このような状況を、どのように考えればよいのでしょうか。

1. 言う場合、言わない場合の結果を両方考え、それを受け入れる覚悟をして選択すべきだった。
2. 間違ったことはしていないのだから、部長との関係を壊してでも言うべきだった。
3. 部長との関係を壊さないため、言わないほうがよかった。

┌ ヒ ン ト ─────────────────────────
　アサーティブな主張法の基本精神に、「自己責任」という考え方があります。これは、自分の選択によって起きる結果に責任をもつ、という考え方です。また、主張をすることと、相手にYESといわせることは、別の問題です。自分も意見を言う権利がありますし、同じように相手にも答えを選ぶ権利があります。無理やりYESと言わせることは、アサーティブな主張の目的ではありません。
└─────────────────────────────

■ 設問 ■

以下の設問に、適切なら○、不適切なら×で答えてください。空欄の場合は答えを書き込んでください。

1) アサーティブな主張の基本精神を4つあげてみましょう。
　　①
　　②
　　③
　　④

2) 説明文にふさわしい主張のタイプ名を記入してみましょう。
　　①言いたいことを我慢する。相手のみを尊重する。（　　　　　　　　）
　　②自分の都合のみ伝える。自分のみを尊重する。（　　　　　　　　）
　　③相手に配慮しながら、はっきりと主張する。自分も相手も尊重する。
　　　　　　　　　　　　　　　　　　　（　　　　　　　　　　　　）

3) 以下の発言を、アサーティブな表現に言い換え、下線部の要求を主張してみましょう。
　　①喫茶店で、コーヒーを注文したのにオレンジジュースが運ばれてきて、コーヒーに交換してほしいとき
　　×「ちょっと、コーヒーって言ったのに、間違えているわよ」
　　→「　　　　　　　　　　　　　　　　　　　　　　　　　　　　」

　　②今日〆切の書類を忘れていて、明日まで期限を延長してほしいとき
　　×「書類が間に合いません。今日じゃないとだめですよね？」
　　→「　　　　　　　　　　　　　　　　　　　　　　　　　　　　」

情報収集の仕方（1）
新聞の読み方

　12章と13章は、情報収集の仕方と意見の表明の仕方について学びます。私たちの社会は、インターネットをはじめとして、情報に関する手段がどんどん整備され、便利で豊かなものになりました。しかし、それを使いこなすのはあくまでも私たち自身であり、情報を収集し、役立てる能力を磨く必要があります。この章では情報媒体の中で、「新聞」を用いて情報の収集と活用の力を磨きたいと思います。特に新聞は、正確な情報の入手には欠かせないと言われ、ビジネスの場でも共通の話題にできる情報源です。学生のうちに新聞の読み方のコツを覚え、新聞を読む習慣をもちましょう。

○ Step1　情報媒体ごとの特徴
　情報媒体ごとの特徴を理解し、適切な情報媒体を選べるようにします。

○ Step2　実際に新聞を読む
　実際に新聞を読み、情報収集のコツを理解します。

○ Step3　意見の表明
　読んだ記事の中で印象に残ったことについてまとめ、発表してみましょう。

Step 1　情報媒体ごとの特徴

情報媒体には、それぞれの特徴があります。どれがよい、悪いということではなく、自分が得たい情報に応じた情報媒体を利用することが必要です。以下の空欄を補充し、特徴を理解しましょう。

媒体	テレビ	ラジオ	雑誌 専門誌	新聞	書籍	インターネット
特徴1				客観性	専門性	即時性
特徴2			特殊性			世界的
特徴3	娯楽性	－	－		－	

Step 2　実際に新聞を読む

（1）新聞を続けて読むポイント

①テーマを決めて読む

　　自分が就職を希望している業界に関する記事や、関心をもっているテーマを決め、それに関するものを読みます。

②毎日読む

　　続けて読むことで経緯がわかり、テーマに関する理解がより深まります。

③気軽にスクラップをする

　　いきなりきれいにノートに貼ろうなどと力を入れすぎず、気になった記事をひとまず保管してみましょう。少し時間がたってから、本当に必要な記事だけを整理してスクラップします。

（2） 新聞の読み方のポイント
①まず1面を読む
　　トップニュースには目を通しておき、どんなことが話題になっているのか知っておきます。
②時間がなければ、見出しとリード文を読む
　　見出しを見れば、誰がどうしたのかがわかるように書かれています。さらにリード文を読めば、概要がわかるため、時間がないときはこの2つを読み、おおまかに理解しましょう。
③全部読もうとしない
　　新聞1日分は、文庫本1冊ほどの文字量があります。毎日すべて読むことは難しいので、1面と関心のある記事を無理せず読んでいきます。

（3）　新聞に目を通し、スポーツ・テレビ欄以外で一番印象に残る記事を選んでください。選べたら、その記事を簡単に要約し、その記事を読んで考えたことを書いてみましょう。

●選んだ記事の要約　p.　「　　　　　　　　　　　」

○そのテーマについて考えたこと

Step3　意見を表明する

　新聞を読み、個人の関心や、学んできたことに関連して、様々な考えをもっていると思います。それを近くの席の人に伝え、お互いが収集した情報やその情報に対する視点を共有してみましょう。

（1）　意見をまとめるポイント
　①そのテーマのどこに興味をもったか、明確にする。
　②単純に「驚く」「批判する」「同感する」にとどめない。
　③自分だったらどうするかについて考える。

（2）　意見を述べるためのポイント
　①何について述べるのか、一言で結論を述べる。
　②そのあと、そう考えるにいたった情報、理由などを述べる。
　③相手が理解できているか、スピードは適切かなど、聞き手の反応を確かめる。
　④いつもの会話よりもゆっくり、大きな声で発表する。
　⑤聞き手にアイコンタクトをとる。

（3） 意見を聞くためのポイント

　意見は、話す人だけの問題ではありません。聞き手によって、もっと考えが深まることがよくあります。聞き手は意見を決して否定せず、自分の考えや感想を話し手にフィードバックしましょう。

○他の人の発表を聞いて考えたこと、感じたこと

13 情報収集の仕方（2）雑誌・専門紙

　本章は、12章に引き続き情報収集の仕方と意見の表明の仕方について学びます。私たちの社会は、インターネットをはじめとして、情報に関する手段がどんどん整備され、便利で豊かなものになりました。しかし、それを使いこなすのはあくまでも私たち自身であり、情報を収集し、役立てる能力を磨く必要があります。今日はそのような情報化社会に関する理解を深めた上で、「雑誌・専門誌」を用いて情報の収集と活用の力を磨きたいと思います。

○ Step1　情報化社会に関する理解
　　　　　私たちをとりまく情報化社会について、基礎的な知識を得ます。

○ Step2　雑誌・専門紙を読む
　　　　　実際に雑誌・専門紙を読み、情報収集のコツを理解します。

○ Step3　意見の表明
　　　　　読んだ記事の中で印象に残ったことについてまとめ、発表してみましょう。

Step1　情報化社会に関する理解

　最近、個人情報に関する取り扱いが慎重化されましたが、それにもかかわらず、様々な企業からの個人情報流出が問題となっています。また、ブログやSNSなど、私たちが情報を発信する機会も以前と比べて非常に増え、情報の取り扱いは、私たちにとっても身近な問題となっています。しかし、情報がひとたび流出すると、その情報が伝わる範囲やス

ピードが速く、便利さと同様に危険性もこれまでと比べものにならないほど高まっています。危険性を防ぐ法律やソフトの開発もさることながら、危険性を回避することができるのは、私たちの情報リテラシーによるところが大きいはずです。安全で快適な情報化社会をつくるためには、私たち全員が、情報を正しく取り扱うための知識と能力を身につける必要があります。

(1) 情報に関する設問（正解だと思う答えを○で囲んでください）
 ①データをインターネット上に保存する使い方、サービスを何というか？
　　A　アプリ　　　　　　　B　クラウドコンピューティング　　　C　オンライン
 ②個人が簡単にインターネット上に日記帳のサイトを開設できるようになった。これを何というか？
　　A　プロフ　　　　　　　B　フラグ　　　　　　　　　　　　　C　ブログ
 ③ネットショッピングでの日本最大のマーケットは？
　　A　ヤフーショッピング　B　ジャパネット　　　　　　　　　　C　楽天市場

(2) 情報キーワード解説
　目まぐるしく進化する情報化社会。どんな仕組みがあり、どんなものが生まれようとしているのか。また、どんなことが問題となっているのか、確認してみましょう。

　①情報リテラシー

> 　情報を自己の目的に適合するように使用できる能力のこと。「情報活用能力」あるいは「情報を使いこなす力」と表現されることもある。情報が必要とされるときに情報を効果的かつ効率的に探し出し、精査し、そして使うことができる能力を保持することを指す。最近では、インターネットの掲示板などによる、信憑性の低い情報をうのみにすることなく、自分の責任において情報を検証・判断して使うことのできる能力が特に求められていると言われる。

② Facebook

> 実名での登録が義務づけられたソーシャルネットワーキングサービス（SNS）。2022年現在で29億1千人以上のユーザー（総務省調べ）を有し、影影力の大きさから、政治活動や企業の広報活動にも用いられている。

③個人情報保護法

> だれもが安心してIT社会の便益を享受するための制度的基盤として、平成15年5月に成立し、公布され、17年4月に全面施行された法律。個人情報の有用性に配慮しながら、個人の権利・利益を保護することを目的として、民間事業者が個人情報※を取り扱う上でのルールを定めたもの。
> ※個人情報とは：情報に含まれる氏名、生年月日その他の記述等により、特定の個人を識別することができるもの。

④ブログ

> 個人や数人のグループで運営される日記的なwebサイトの総称。時事ニュースや専門的トピックスに関して自らの専門性に根ざした意見を表明する目的のものから、個人の身辺に起きたことへの感想など、内容は幅広い。最近では、ブログを開設する人口が増加し、知識がない者や、触法行為など何らかの問題のある意図を持っている者などでも簡単に開設できてしまうために、情報の質的な低下や倫理観の欠如などの弊害が問題となっている。

⑤デジタル・ディバイド

1990年代以降、インターネットなどの情報技術が普及するにつれて、パソコンなどの情報機器の操作に習熟していないことや、情報機器そのものを持っていないことが、社会的に大きな不利となることになった。この言葉は、対象間における情報量に差があること、また、その差によって「情報強者」と「情報弱者」の間に生じる格差のことを指す。

Step 2　実際に雑誌・専門紙を読む

　雑誌・専門紙に目を通し、一番印象に残る記事を選んでください。選べたら、その記事を簡単に要約し、その記事を読んで考えたことを書いてみましょう。

●選んだ記事の要約　p.　「　　　　　　　　　　　　」

○要約

○そのテーマについて考えたこと

Step3　意見を表明する

【復習】
　雑誌または専門紙を読み、個人の関心からや学んできたことに関連して、様々な考えをもっていると思います。それを近くの席の人に伝え、お互いが収集した情報やその情報に対する視点を共有してみましょう。

（1）意見をまとめるポイント
　①そのテーマのどこに興味をもったか、明確にする。
　②単純に「驚く」「批判する」「同感する」にとどめない。
　③自分だったらどうするかについて考える。

(2) 意見を述べるためのポイント
①何について述べるのか、一言で結論を述べる。
②そのあと、そう考えるにいたった情報、理由などを述べる。
③相手が理解できているか、スピードは適切かなど、聞き手の反応を確かめる。
④いつもの会話よりもゆっくり、大きな声で発表する。
⑤聞き手にアイコンタクトをとる。

(3) 意見を聞くためのポイント
　意見は、話す人だけの問題ではありません。聞き手によって、もっと考えが深まることがよくあります。聞き手は意見を決して否定せず、自分の考えや感想を話し手にフィードバックしましょう。

○他の人の発表を聞いて考えたこと、感じたこと

ミニレクチャー「プレゼンテーション」

　仕事では、様々な情報を収集して意見をまとめ、それを説明しなければならない機会が多くあります。仕事のパートナーに説明することはもちろん、会議や競合他社とのコンペティションなど、説明の対象も場面も様々です。効果的に伝えるためにはいくつかポイントがありますので、それらを理解し、わかりやすい説明ができるようにしましょう。

説明の仕方についてのポイント
　①まず、全体を通して何について、どのくらい、どのような順番で話すのかを述べる。
　　「今から５分で、この商品をお勧めする理由を３点お伝えします」

　②何について述べるのか、一言で結論を述べる。
　　「昨日の商談は、成功でした」

　③そのあと、そう考えるにいたった情報、理由などを述べる。
　　「最終決定権者の部長が、契約すると約束してくれたからです」

　④相手が理解できているか、スピードは適切かなど、聞き手の反応を確かめる。

　⑤会場が大きい場合は、いつもの会話よりもゆっくり、大きな声で発表する。

　⑥聞き手にアイコンタクトをとる。
　　　会場が広いときは、大まかに全体を見るのでなく、誰か一人と視線をあわせ、それを順番に繰り返して会場全体に視線を配る。ただし、プレゼンテーションで意思決定を迫る場合は、決定権を持つ人にしっかりとアイコンタクトをとる。

14 情報収集と情報発信　SNSのマナー

　本章は、第12、13章の情報収集に加え、情報発信も含めて学びます。SNS（ソーシャルネットワーキングサービス）を利用した情報収集・発信は目覚ましく普及しており、私たちも何かの折に調べたり、自分のことを発信したり、連絡手段として利用する機会が増えています。もはや生活と切り離すことが難しくなりつつあるSNSについて、トラブルに巻き込まれず便利さを享受できるよう、使い方のポイントを考えてみたいと思います。法律をはじめとする決まりごとが追いつかない、また人によって受け取り方が異なる、といったケースが生じやすいツールであるだけに、ガイドラインや正解がないことに対し、思いやりと配慮をもって利用したいと思います。

> ○ Step1　SNSの特徴
> 　　　　　SNSの特徴について、基礎的な知識を得ます

> ○ Step2　受信時のポイント
> 　　　　　情報収集をするとき配慮したいポイントを理解します

> ○ Step3　発信時のポイント
> 　　　　　情報を発信するとき配慮したいポイントを理解します

Step1	SNSの特徴

　SNSには様々な目的のものがあります。自分の目的にあったツールを使いこなし、情報の受発信や交流を楽しみましょう。

主目的	日記・交流	メッセージ	写真	動画
SNSの例	Facebook Twitter Google+	LINE Messenger Viver WhatsApp	Instagram Snow Pinterest	YOUTUBE ニコニコ動画 Snapchat

【特徴の例】
・匿名、実名と登録方法が異なる
・シェア、拡散が容易
・双方向の楽しさ(いいねボタン、コメント記入など)
・検索機能により、素早く目的の情報を得られる(人、ハッシュタグ)
・交流、人脈作りができる
・リアルタイムでのやりとりが可能

Step2　受信時のポイント

①情報の出典を確認する
　SNSの特徴である、個人性かつ匿名性の高さから、組織や第三者のチェックを受けていない情報も発信される可能性があります。情報の出典を確認し、情報が正確なものであるかどうか、確認する習慣をつけましょう。

②知らない人からのコンタクトに注意
　SNSには、同じ趣味などの共通点を持つ人を探して関係を作り、広げられるというメリットがあります。しかし、その分知らない人からの友達申請なども多く、つながりを持つかどうか迷うことも少なくありません。そのような場合、申請の意図がはっきりしているかどうか、相手のページも一定期間使用された形跡があるかどうか、投稿の内容などをよく判断し、偽アカウントによるのっとり被害や情報の搾取から自分のアカウント情報を守りましょう。それが、自分とSNSでつながっている友人の安全にもつながります。

③知人からの連絡を無視しない
　簡単に検索可能である特性から、自分にとって好ましくない知人からの友達申請などへの対処に困るケースが出てくる可能性があります。上司だから、知人だから受け入れなけ

第14章 情報収集と情報発信 SNSのマナー

ればいけない、ということはありませんが、申請を受け入れない場合、インターネットだからと簡単に無視をすると、日頃の人間関係にも影響するのではないでしょうか。そのような場合は、「普段会えない故郷の友人との連絡用であるため」といった、理由を伝えたり、記事によって公開範囲を変えられるツールでおつきあいするなど、お互いに無理のない付き合い方を考えてみましょう。

④受信する情報は自己管理を

不要な情報を受け取らないためのブロック機能、非表示機能など、SNSの特性に合わせた機能をよく調べ、活用し、自分が不快な気持ちになる投稿を見ることがないように行動しましょう。

同時に、自分に考えや感じ方があるのと同じように、投稿する相手にも自由があります。公序良俗に反する内容でない限り、相手のページで表現された内容に対し、過度な批判は避けましょう。特に、悪意なく、かつあなた一人に向けられた投稿でない場合、「〜の投稿をするなんて、こういう状況の私に対して配慮がない」といった批判は控え、受信する情報と気持ちは自己責任において管理しましょう。

Step3　発信時のポイント

①情報漏えいに注意する

例えばアルバイト先、勤務先、通っている学校などで撮った写真、知ったことを文章化してアップロードするときは、故意でなくても情報を漏洩していないか注意する必要があります。自分の顔写真を撮ったつもりが、バックヤードの様子が写りこんでいるといった、何気ない情報が誰かの権利を侵害していないかよく考え、不用意なアップロードを避けましょう。

また、自分の情報についても、自宅や属性などの個人情報が分かってしまう情報は、鍵つきの投稿であっても誰が見るか分からないと考え、安全を重視するようにしましょう。

②望まない情報の勝手な発信をしない

お店や友人、芸能人などの肖像権のある人など、自分以外の人の情報を勝手に撮影・発信することはやめましょう。例えば集合写真など、一緒に写真を撮ることはよくても、それをインターネットに載せてよいかどうかは個人によって考えや状況が異なります。自分

以外の誰かが写った写真をアップロードするときは、必ず許可を取りましょう。許可が取れないような、偶然写りこんでしまった人が写っているものは、使用を控えましょう。
　また、本人の許可なくタグづけをしたり、記事をシェアしたりすることも避けましょう。

③アプリケーションの利用に注意
　診断アプリケーションをはじめとするアプリケーションによるサービスを利用する際、自分の連絡先、友人リストなどの情報を知らないうちに提供してしまうことがあります。利用しても安全かどうかわからないアプリケーションの利用は避け、利用する場合も、利用のために提供する情報が何であるかをよく確認しましょう。

④発信時、周りへの配慮を
　SNSで少しでも反響のある投稿をしたいと思うあまり、例えばみんなが写真を撮りたい観光スポットでずっと撮影を続け、他の人の邪魔になるといった、迷惑行為につながっていないか、注意しましょう。情報を取り扱うときの自分が周りからどう見えているかを考え、みんなが楽しめるよう配慮しましょう。

解答・解説

第1章　マナーとは

p.6（1）メラビアンの法則
　　1：c 表情・態度　55%　　2：b 声の調子・抑揚　38%　　3：a 言葉　7%
　※第一印象では、目で見える情報が大きな割合を占めており、その次に声の調子や抑揚が重要と言われています。しかし、第一印象を通り越した後は、もちろん言葉の内容も重要となってきます。はじめに印象で誤解されないよう、この法則を参考に自分のふるまいに注意してみましょう。

p.7　あなたにとってマナーとは
　　単なる形式上のことではなく、相手に対する配慮や思いやりを示す行動、と考えましょう。
　〈取っ手の向き　正しいと思う理由の例〉
　● A. 左向き
　　ミルクを入れるお客様にとっては、スプーンを取る時に取っ手が邪魔にならない。
　● B. 右向き
　　メモをよく取る商談の際は、飲み物が右側にあるため、取っ手が左にあるとひっかかる可能性がある。よって、右向きにしておけばメモの邪魔にならない。
　※マナーは単なる形式ではありません。配慮や思いやりが伝わりやすい行動を様式化したものではありますが、一応のマナーを理解した上で、状況に応じてもっとも配慮や思いやりが伝わりやすい行動を考える必要があります。

第3章　電話のマナー2

p.20　メモ

```
　●月●日（●）　　●時●分
　岡部　様へ　　岡山車両販売　カワモト　様より
　　今日の夜18時からの会食場所の変更連絡あり。
　　ホテルグランヴィア　2F　洋食レストラン「月」
　　→全日空ホテル　1F　和食料理店「花」
　　不都合なら電話ほしいとのことです。（090-2525-7878）
　　　　　　　　　　　　　（自分の名前）　受
```

　※相手の名前の漢字がわからない場合、間違った漢字を書くと、メモを見た人は確認してくれたと誤解する恐れがあります。ひらがなまたはカタカナで書きましょう。

第4章 メールのマナー

p.25 メールの間違い探し
- ①ご確認ください（タイトル）　→件名で内容がわかるようにする
- ②（株）ABC運輸　岡部様　　　→相手の社名や名前を省略しない
- ③書き出しの段落　　　　　　　→用件と関係ないことを長くかかないようにする
- ④（＾▽＾）　　　　　　　　　→顔文字は使わない
- ⑤ながえ　　　　　　　　　　　→連絡手段を記した署名をつける
- ⑥添付ファイル　　　　　　　　→付け忘れている

p.26 メール作成　解答例（名前等は自分のものを記入）

宛先　hy-yamaguchi@syoudai-syouji.co.jp
件名　会社見学のお願い（岡山経済大学　自分の名前）
本文　株式会社ABC商事
　　　人事部　部長　山口　博幸　様

　　　突然のご連絡で失礼いたします。
　　　私は岡山経済大学○○学部○○学科3年生の長江由美子と申します。
　　　現在、商社を中心に就職活動をしており、貴社の業務に関心をもっております。
　　　そこで貴社について理解を深めたく、会社見学をお願いしたいと考えており、
　　　メールさせていただきました。
　　　もし訪問が可能でしたら、10日、11日、12日の中で
　　　ご都合のよいときに伺いたいと考えております。
　　　なお、10日と12日は授業のため午後のみ伺えます。
　　　11日はどの時間でもかまいません。
　　　ご多忙の折、大変恐縮ですが、どうぞよろしくお願いいたします。

　　　+—————————————————————+
　　　　岡山経済大学○○学部○○学科　3年
　　　　長江　由美子（ナガエ　ユミコ）
　　　　E-Mail：oka-kei@mail.co.jp
　　　　TEL、FAX：086-234-5678
　　　　〒700-0087 岡山市北区津島新野1-5-9
　　　+—————————————————————+

第5章　言葉遣い

p.33
(1) 丁寧語
　①する→します
　②ちょっと→少し、少々
　③そっち→そちら

p.34
(2) 尊敬語
　①する→なさる
　②くる→いらっしゃる
(3) 謙譲語
　①見る→拝見する
　②もらう→いただく、ちょうだいする
　③聞く→拝聴する
　④する→いたす

p.35
LESSON
　①お客様が、車に乗ってお帰りになりました。
　②部長、最近ゴルフをなさっているんですね。
STEP3
　①どのようなご用件でしょうか。
　②どの者を呼んでまいりましょうか。
　③後ほどお電話いたします。お電話番号をお教えいただけないでしょうか。
　④私と部長の山本とでそちらに伺います。
　⑤課長、お忙しいところ申し訳ありませんが、少し企画書を見ていただきたいのです。
　⑥承知しました。（かしこまりました）
　⑦申しわけございません。1週間ではいたしかねます。

第7章　訪問の仕方2

p.47（6）

①名刺を切らしてしまった

「申し訳ございません。名刺を切らしております」と謝り、社名と名前を名乗る。後日、お詫びの言葉を添えて郵送する。（普段から切らさないように補充しておく）

②名刺を先に出されてしまった

「申し遅れました」と一言添えてから自分の名刺を差し出す。

p.48（3）

① 1. 湊部長
　 2. 山本課長
　 3. 高井係長
　 4. 中村さん

の順に紹介する。

第8章　来客応対

p.54〜55　席次

上座とは…入口から遠い、ソファー、絵や窓・かけじくが見える、事務机から遠いなど

1）応接室	2）エレベータ	3）自動車※	4）列車
① ④　② ⑤　③ 入口	ボ ④　① 　 ③　②	④　運転手 ②　③　①	窓側　②　④　通路 　　①　　③

(1) 応接室

　　入り口から遠く、ソファーが上座。

(2) エレベーター

　　ボタンを押す人が末席。その真後ろが最も上座。その隣→前、の順に上座となる。

(3) 自動車

　　運転手の真後ろが最も上座（事故の際、安全な席とされているため）。運転手の横は、

道案内やタクシーの場合料金の支払いがあるため、末席。後部座席3つのうち、③の席は足元が盛り上がっているため、座りづらいので末席。
※自動車の席次は、運転手が最も役職の高い人や上司だった場合、助手席が①となる。

別解（運転手が上司の場合）

```
①     運転手
③  ④  ②
```

(4) 列車

窓側が上座。次に進行方向に向いて座る方が優先。

第9章 仕事におけるコミュニケーション（1）傾 聴

p.62 講師が話す内容（メモする内容）

来月10日に会議がある。第一会議室、人数12名。準備物は配布資料12セット、お茶、ホワイトボード、マーカー3色。弁当は不要。

第10章 仕事におけるコミュニケーション（2）受命と報告

p.67 クイズ

Q1 ②　　　Q2 ③

p.69. 講師が話す内容（メモする内容）

新ビールに関する「発売前アンケート」を取ってほしい。試飲キャンペーンを開き、アンケートをとることを許可していただけるお店を見つけて交渉し、100名分のアンケートを取ってほしい。

アンケートのために必要なアルバイト人員や備品、お礼の品、またアンケート項目は自由に決めてよい。

p70.（3）　アンケート報告書

令和〇年〇月〇日

広報部長　岡部　泰正　様

商品企画事業部
〇〇　〇〇〇

新ビール発売前アンケートについて

表題の件について、以下のとおり報告いたしますので、よろしくお願いいたします。

①アンケート実施状況
　　場所：岡山屋　駅前店
　　日時：1月15日 15:00～18:00
　　有効回答数：100名
　　経費：61,500円
　　※内訳：紙コップ3,000円、用紙とペン1,000円、謝礼缶ビール35,000円、
　　　　　　アルバイト代22,500円（5名×1,500円×3時間）
②アンケート集計結果

	とても強い （安い）	少し強い （少し安い）	少し弱い （少し高い）	とても弱い （高い）
価格	5	70	20	5
コク	35	50	10	5
キレ	10	15	70	5

　価格帯は少し安い、コクが少し強めでキレが弱め、との感想が比較的多い結果となりました。

以上

第11章 仕事におけるコミュニケーション（3）主　張

p.74
　①アグレッシブ（攻撃的）
　②パッシブ（受身）
　③アサーティブ（自他尊重）

p.76
　「電話ありがとう。実は、毎週楽しみにしているテレビ番組がもうすぐ始まるの。それを見た後、1時間後にかけなおしてもいい？」
　※電話をくれたことへの感謝の気持ちを伝えた後、事情を説明します。その上で、相手が電話で話したいという気持ちに応えるための、代案を伝えます。
　　→今回は、主張のトレーニングとして書いています。よって、テレビを録画する、テレビを我慢する、などの解答は趣旨と異なります。

第12章　社会常識（1）新聞

p.82　情報媒体別特徴

媒体	テレビ	ラジオ	雑誌	新聞	書籍	インターネット
特徴1	即時性		ジャンル別	客観性	専門性	即時性
特徴2	同時性	娯楽性	特殊性	公共性	詳細性	世界的
特徴3	娯楽性	−	−	保存性	−	双方性

※特徴1のラジオは「即時性」が媒体列をまたいで記載

第13章　社会常識（2）雑誌・専門紙

p.86　クイズ
　①B　クラウドコンピューティング　　②C　ブログ　　③C　楽天市場

各章　ミニケース・設問の解答

●第1章

□ミニケース（p.8）

　3

□設問（p.9）

1) ①×　②○

　　お客様が、作業を邪魔したような気持ちにならないよう、配慮します。

2) ①×　②○

　　身だしなみは、自分の趣味ではなく、相手のためにするものだと考えます。

3) ①×　②○

　　名前を書かないと、ダイレクトメールと変わりないものになってしまいます。

4) ①×　②○

　　仕事は皆の協力で成り立っています。自分のことだけ考えず、周りに配慮します。

5) ①×　②○

　　始業時間は、仕事が始められる状態で迎える必要があります。

6) ①×　②○

　　休暇をとる権利はありますが、その時期が仕事上好ましくない場合は、会社が従業員に時期の変更を命じることができます。休暇は上司と相談の上とる必要があります。

7) ①×　②○

　　ビジネスマナーは、自分と関わるすべての人と良好な関係で仕事をするために必要です。

●第2章

□ミニケース（p.15）

　2

□設問（p.16）

1) (3)、（「お待たせしました」）

2) （「失礼ですが、どちらさまでいらっしゃいますか？」）

3) （「申し訳ございません、お電話が少し遠いようですが」）または
　　（「恐れ入りますが、もう一度お願いできますでしょうか」）

4)（「○○と申しますが、山口室長はいらっしゃいますか」）
5)（「お手数ですが、ご伝言をお願いできますでしょうか」）
6)（かけた）、（目上の方）
7)（始業時間）、（昼食時間）、（終業時間）

●第3章
□ミニケース（p.21）
　3
□設問（p.22）
1)　①×　②○
　　　お客様は、用事がないのに電話したわけではありません。電話があったことを知れば、こちらから連絡するなどの気遣いができるので、必ず名指し人に伝えます。
2)（「おはようございます」）他に「はい」「お電話ありがとうございます」なども可
3)　①○　②×　③×
　　　話の途中で切り出すことは難しいですが、話の腰を折らないようにしつつも、複雑な用件に入ってしまう前に、担当のセクションに電話をつなぎます。
4)「申し訳ありません。あいにく福島課長は神戸に、新製品の交渉の件で主張中です。戻り次第こちらからお電話いたしましょうか」
　※場所を話すことで仕事内容がわかってしまうこともあります。聞かれていないのに言うことは不適切です。
　※何の目的の出張であるかは、企業秘密である可能性があります。聞かれていないのに言うことは不適切です。

●第4章
□ミニケース（p.28）
　2
□設問（p.28）
1)　①○　②×
　　　先方は、用件が伝わったかどうか気にしています。受信したことのみ、すぐに伝えます。
2)（署名）
　　　住所、電話番号、メールアドレス、ファックス、氏名、所属を記したもの。どの連絡手段でも、先方の都合のよいものを選べるよう、すべての連絡先を書いておきます。

3) ①× ビジネスで絵文字を使うことは、一般的ではありません。
　　②× 初めての相手でなくても、毎回名乗る必要があります。
　　③○ タイトルを見て、すぐに読むべきかどうか判断できるようにします。
　　④× メールは用件を手短に確認するための手段です。儀礼的な表現はなるべく避け、簡潔に書く必要があります。
　　⑤○ スクロールせずに読めるくらいが適量です。

● 第5章
□ミニケース（p.36）
　2
□設問（p.37）
1) ①× ②○ ③○ ④×
　　自分にとって上司であっても、外部の人に対しては最後が呼び捨てになるように呼びます。

2) （「お疲れ様です」）、（「お帰りなさい」）など

3) ①お客様が1 <u>おビール</u>を2 <u>お飲みになられ</u>、お食事も3 <u>お召し上がりになられました</u>。
　　　　　　　　　1 ビール、2 召し上がり　　　　　　　3 召し上がりました
　　1 外来語にはつけない、2 二重敬語、3 二重敬語
　　※敬語を使いすぎるのは不適切です。この場合、「ビールとお食事を召し上がりました」と、すっきりさせるのもよいと思います。

　②この仕事は、以前部長が<u>やられて</u>いました。
　　　　　　　　　　なさって、されて
　　※よく使われている表現ですが、敬語表現の「れる、られる」をつけても、「やる」という言葉がくだけた表現のため、敬意を表せていません。しっかりと敬意を示す場合は「なさる」、軽い敬意を示すときは「される」、と使い分けもマスターしましょう。

　③山本様で<u>ございます</u>ね。
　　　　　　いらっしゃいます
　　※「ございます」は謙譲語で、自分の動作または物を指すときに使います。

4) ①承知しました、かしこまりました
   ②申し訳ございません
   ③少しお待ちください、少々お待ちくださいませ

●第6章
□ミニケース（p.43）
　3
□設問（p.44）
　1) ①○　②○　③×
　2) ①×　②○
　3) ①×　②○
　4) ①×　②○
　5) ①○　②×

●第7章
□ミニケース（p.49）
　3
□設問（p.50）
　1) ①×　②○
　　　名刺を切らしてしまったときは、お詫びをした上で早急に郵送します。しかし、外出前には名刺入れに20枚程度は入れておきます。枚数がたくさん必要だと予想できるときは、鞄にケースごと持参しておくなどして、切らさないようにしましょう。
　2) ①×　②○
　　　その場で書き込むのは失礼にあたります。また、胸よりも下で持ったり、片手で持ったりするなどの行為も失礼にあたります。
　3) ①○　②×　③×　④○　⑤×　⑥○
　※③、④　名前を確かめるチャンスは、初めに名前を伺うときしかありません。読み方がわからない場合は必ず名刺交換のときに確認するようにしましょう。

●第8章
□ミニケース（p.56）
　1

□設問（p.57）
1) ①× ②○
　　自分が担当でなくても、来社するお客様にごあいさつをしてお迎えするのは当然のことです。社内ですれ違うときも、直接担当でないお客様にも必ず会釈しましょう。
2) ①○ ②×
　　お客様に関係のないことを耳に入れないよう、必ずメモにします。
3) ①× ②× ③○
　　「自分は特別だ」と思っているお客様は時にいらっしゃいます。社長もそう思っているかどうかわからないので、ひとまず社長に連絡をしましょう。また、お客様がお帰りになった後に、次回以降の対応も確認しておきます。
4) ①× ②× ③○
　　アポイントメントの有無に関わらず、お客様に失礼のない対応が求められます。よって①では困った訪問だとお客様の前で言っているようになるので、不適切です。しかし、アポイントメントのあるお客様を優先する態度を示す必要があるため、③が適切です。
5) ①× ②○
　　お茶を片手でお出しするのは失礼にあたります。

● 第 9 章
□ミニケース（p.64）
　2
□設問（p.65）
1) ①体
　②目
　③あいづち
　④前傾
　⑤話の内容にマッチ
2) ①○ ②○ ③○ ④○ ⑤×

● 第 10 章
□ミニケース（p.71）
　2

□設問（p.72）
1) ①×、②○
　　仕事が完了したらすぐに報告する必要があります。部長の都合は聞いてみなければわかりませんので、都合を確かめ、よいタイミングで報告しましょう。
2) ①○、②×、③（復唱）
　　②その都度質問すると、上司の仕事も中断しますし、自分も効率的に仕事を進めることができません。質問したいことをまとめてから聞くようにしましょう。
3) ①×、②×、③○、④×
　　優先順位は自分で決めず、今の状況を話して相談しましょう。勝手な判断で仕事が間に合わなかったり、中途半端になったりすると、迷惑をかけてしまいます。
4) ①×、②○
　　報告は、指示を出した人にするのが鉄則です。
5) ①×、②○
　　部長にも責任はありますが、確認しなかったあなたに問題がありました。部長はあなたが人数を知っていると思い込み、あなたはホワイトボードが正しいと思い込む。こうした思い込みが大変な失敗を引き起こす場合があります。仕事を頼まれたら、それを遂行するにあたって必要なことは、必ず確認しましょう。

● 第11章
□ミニケース（p.79）
　1
□設問（p.80）
1) ①誠実、②率直、③対等、④自己責任
2) ①パッシブ（受身）
　　②アグレッシブ（攻撃的）
　　③アサーティブ（自他尊重）
3) ①「お尋ねします。コーヒーを注文したと思うのですが。申し訳ありませんが、コーヒーに換えていただけませんか？」
　　※相手が間違えた、という前提にしないこと、相手に配慮を示したうえで、はっきりとコーヒーに換えてほしいと頼むことがポイントです。
　　②「不注意で期限を忘れておりました。明日までに必ず仕上げて参りますので、大変申し訳ありませんが、明日まで期限を延長していただけないでしょうか」
　　※率直に謝り、明日まで、という代案を出して、期限の延長を頼むことがポイントです。

■ 著者紹介

長江　由美子　（ながえ　ゆみこ）

1974年生まれ。ミチナス代表。
経営コンサルティング会社にて、企業や官公庁対象のコミュニケーションやビジネスマナーを中心とした教育研修、教育機関対象のキャリア開発に従事したのち、2010年にミチナスを設立。2018年3月現在で延べ25,000名を超える大学生にキャリアコンサルティングを行う傍ら、キャリア形成講座、講演を多数実施。学生が個々にもつ強みをいかし、思い描く未来を具現化する支援を行っている。

未来をひらくビジネスマナー ［第4版］
―就職活動・社会人デビューを控えたみなさんに―

2010年9月30日　初　版第1刷発行
2018年9月25日　第4版第1刷発行
2020年10月25日　第4版第2刷発行
2024年9月20日　第4版第3刷発行

■ 著　者 ──── 長江由美子
■ 発 行 者 ──── 佐藤　守
■ 発 行 所 ──── 株式会社 大学教育出版
　　　　　　　〒700-0953　岡山市南区西市855-4
　　　　　　　電話（086）244-1268　FAX（086）246-0294
■ 印刷製本 ──── モリモト印刷㈱

© Yumiko Nagae 2010, Printed in Japan
検印省略　　落丁・乱丁本はお取り替えいたします。
無断で本書の一部または全部を複写・複製することは禁じられています。
ISBN978－4－86429－535－2